마음으로 완성하는
경제적 자유

마음으로 완성하는
경제적 자유

일과 삶의 균형을 위한
경제적 선택과 실행에 대한 메시지

한움

프롤로그

마음으로 완성하는 경제적 자유

일과 삶의 균형을 위한
경제적 선택과 실행에 대한 메시지

처음엔 짧은 문장을 남기는 것만으로도 충분했습니다.
하루 동안 스쳐 간 감정들, 강의 중 나눈 이야기들, 그리고 내 마음을 조용히 두드리던 문장 하나.
그런 생각들을 차곡차곡 쌓다 보니, 생각은 마음이 되고, 그 마음은 다시 삶의 방향이 되었습니다.

나는 늘 삶의 균형을 고민해 왔습니다.
일과 쉼 사이, 관계와 거리 사이, 돈과 마음 사이에서.
돈을 다루는 일은 결국, 삶을 어떻게 설계하고 지속할 것인가에 대한 실천의 문제라고 생각합니다.
재무 관리는 단순한 숫자 관리가 아닙니다.
욕망과 감정을 정리하고, 내가 감당할 수 있는 선택과 실행의 방향을 정돈하는 과정입니다.

경제적 자유는 물질의 완성이 아니라, 마음의 완성입니다.

물질이 아무리 많아도,
스스로 만족할 줄 아는 마음,
지금 가진 것을 온전히 누릴 줄 아는 시선이 없다면
경제적 자유는 결코 완성되지 않습니다.

자산의 크기가 아니라,
그 자산을 어떻게 바라보고 활용하느냐가
삶의 균형과 평온을 결정합니다.

이 책은 경제적 자유를 꿈꾸는 이들에게
삶을 잃지 않으면서도 재테크를 실천하는 길,
마음을 지키면서도 행동할 수 있는 균형 잡힌 재무 관리의 방식을
짧은 생각들과 조용한 이야기들로 건넵니다.

여기에 담긴 글들은 내가 만난 사람들의 삶, 그들과 나눈 질문들,
그리고 나 스스로에게 던졌던 수많은 선택의 기록입니다.

또한 이 책의 말미에는
- 적은 금액으로도 시작할 수 있는 실전 재테크 포트폴리오 전략과
- 청년, 직장인, 신혼부부, 학부모, 은퇴자까지 함께 실천할 수 있는 생애 단계별 경제 감각 훈련도 함께 담았습니다.

삶과 재무를 함께 돌아보며,

지금의 나뿐만 아니라 다음 세대까지도 함께 준비할 수 있는 현실적인 방향을 제시하고자 했습니다.

지금 이 글을 읽고 있는 당신도,
어쩌면 삶과 돈 사이 어딘가에서 조용한 균형을 찾고 있을지 모릅니다.
이 책이 당신의 하루에 작은 쉼이 되고,
당신의 선택에 단단한 실행력을 더해 주는 마음이 되기를 바랍니다.

· 차 례 ·

🍀 프롤로그   5

1부 마음의 시작
나를 이해하는 첫걸음

1. 시작하지 못하는 마음   15
2. 지면과 더 가까운 시선   18
3. 그림 속, 중학생의 마음   22
4. 사실이 진실은 아닐 수 있다   26
5. 긍정적인 생각에 대한 오해   29
6. 내 마음의 그릇   33
7. 마음은 달라질 수 있다   36

2부 현실 위의 마음
일상과 마주하기

8. 결혼이란, 서로 다름의 미학이다   43
9. 어른이 된 아이   47

10. 그림 속에 남은 말의 흔적   52
11. 저축을 하는 이유   56
12. 태양을 바라보며 뛰는 사람   59
13. 지식의 도구와 기회   62

3부 기준이 되는 마음
선택의 기준을 세우다

14. 준비된 사춘기   69
15. 부자들의 공통점은 '생각'에 있다   72
16. 여행 후에 모임이 깨지는 이유   75
17. 투자의 일반화 오류   80
18. 기억을 그리는 마음들   84
19. 재테크는 욕심이 아니라, 성실함이다   88
20. 포기한 것의 가치   91
21. 얼마면 만족할까?   95

4부 함께 살아가는 시선
삶의 균형

22. 틀을 넘는 마음   101
23. 기다릴 줄 아는 마음   104
24. 선택은 미래가 된다   107
25. 게으른 투자자의 반전   110
26. 지금, 충분한 삶   113
27. 평안함으로 가는 최악의 생각   117
28. 검찰에서 전해 온 친구 소식   120

5부 균형에서 미래로

29. 전문가의 투자 전망은 유효 기간이 지났다   127
30. 캠핑하기 적당한 날을 추천합니다   130
31. 균형을 잡는다는 것   133
32. 연결된 경제, 나의 위치   136

33. 미래의 내가 현재의 나에게   140
34. 현명함과 무모함의 차이   144
35. 완벽하지 않은 것이 완벽하다   147
36. 행복은 균형이다   150

6부 마음을 실천으로
생애 단계별 전략

37. 실전 재테크 포트폴리오   157
38. 자녀와 함께 자라는 가족의 경제 감각 FQ   164
39. 청년, 돈을 다루는 감각 키우기   170
40. 직장인, 균형을 위한 재무 전략   176
41. 신혼부부, 함께 준비하는 돈 이야기   182
42. 은퇴를 준비하는 재무 설계 전략   188
43. 균형 있는 마음과 지혜의 메시지   195

🍀 에필로그   200
🍀 부록 1 | ETF 종목 특징과 핵심 용어, 투자 계좌 비교   203
🍀 부록 2 | 삶을 이해하는 경제적 시선   227

마음의 시작
↳ 나를 이해하는 첫걸음

누구나 새로운 시작을 꿈꾼다.
하지만 많은 시작은 지식이 아니라 마음에서 멈추곤 한다.

"왜 나는 자꾸 망설일까?"
"왜 시작조차 두려운 걸까?"

이 질문들은 부족함의 증거가 아니라, 스스로를 이해하려는 마음의 신호다.

「1부」는 행동보다 먼저 열어야 할 마음의 문을 조용히 두드리는 여섯 편의 이야기로 구성된다.
우리는 자신을 이해하지 못한 채 무언가를 시작하려 할 때 쉽게 지치고 흔들린다. 마음의 시작은, 나를 이해하는 일에서 출발한다.

이 글들은 "나는 지금 이대로 괜찮은가?"를 묻는 이들에게 한 줄의 다정한 위로이자, 조심스럽게 내딛는 첫걸음이 되기를 바란다.

여기에는 다음과 같은 메시지들이 담겨 있다.

- 마음이 열릴 때 비로소 삶이 움직이기 시작한다는 이야기
- 세상을 바라보는 낮은 시선에서 발견한 공감
- 실수와 실패조차 아이의 성장으로 품을 수 있는 여유
- 사실과 진실을 구분할 줄 아는 감정의 지혜
- 긍정이란 현실을 외면하는 태도가 아님을 깨닫는 시간
- 그리고, 결국 모든 재무의 출발점은 '마음의 그릇'이라는 메시지

이제 마음을 이해하는 여정을 조용히 시작해 본다.

나의 마음 정리

지금 기억하고 싶은 문장이나 떠오른 생각,
나만의 실행 다짐을 자유롭게 적어보세요.

1 시작하지 못하는 마음

　새해 첫날이면, 가족들과 함께 해돋이를 보러 간다. 어릴 때부터 아이는 늘 "내가 제일 먼저 일어날 거야!"라고 다짐한다. 하지만 아이가 가장 기대하는 건, 지평선 위로 떠오르는 해보다 현장에서 먹는 따끈한 컵라면이다.

　수많은 사람이 추운 강가에 모여 같은 방향을 바라본다. 매일 뜨는 해지만, 그날의 해는 조금 다르다. 누구나 마음속으로 자신에게 말한다.
　"올해는 다르게 살아 보자."
　"이번엔 끝까지 해 보자."
　"이제는 시작해야지."

　그 해는 새로운 다짐에 힘을 실어 주는 상징처럼 느껴진다. 하지만 사람들은 안다. 해는 뜨지만, 마음이 움직이지 않으면 아무것도 달라지지 않는다는 것을.

우리는 종종 시작하지 못한 채 계속 생각만 한다. 해야 한다는 걸 알면서도, 변화를 원하면서도, 막상 한 걸음 내딛지 못한 채 머문다.

망설임, 두려움, 혹은 막연함. 그 모든 감정이 출발선에서 우리를 붙잡는다.

하지만 마음이 열릴 때, 비로소 자신을 돌아보게 된다. 지금의 삶이 누구의 길인지, 어떤 선택의 결과인지, 조금씩 묻기 시작한다.

그래서 나는 생각한다. 시작은 결심이 아니라, 마음을 알아주는 것에서부터 시작된다.

연결된 생각
마음을 알아주는 것

'재무'나 '경제'라는 말을 꺼내면, 많은 사람이 이렇게 반응한다.
"어렵지 않을까요?"
"지루할 것 같아요."
"그건 전문가들이나 하는 거잖아요."

그 반응이 어떤 마음에서 비롯된 건지, 나는 잘 알고 있다. 그래서 현장에 서든, 글을 쓸 때든 전문가의 언어가 아닌, 일반인의 언어로 이야기하려고 한다.

복잡한 개념보다 조금 더 가까운 언어로, 숫자보다 사람의 마음을 먼저 바라보며 재무 이야기를 전하고 싶었다.

그래서 나는 '에세이'라는 형식을 선택했다. 정보가 아니라, 공감과 질문이 먼저 닿을 수 있기를 바라며.

현장에서 종종 듣는다.
"관심은 있지만, 아직은 여유가 없어요."
"괜히 사기당할까 봐 망설여져요."

그 말 안에는 "두렵다."라는 말, "나도 잘하고 싶은데 어쩐지 자신이 없다."라는 말이 숨겨져 있을 때가 많다.

시작하지 못한 건 의지가 없어서가 아니라, 마음이 아직 준비되지 않았기 때문일 수 있다.

마음을 알아주는 것. 그 마음을 다정하게 두드리는 것. 그것이 지금 내가 하고 싶은 이야기다.

2 지면과 더 가까운 시선

　도서관에 가면, 나는 늘 1층 전시실 앞을 그냥 지나치지 않는다. 그 날도 마찬가지였다. 전시실 앞에 멈춰 섰다.

　문은 닫혀 있었고, 안과 밖 어디에도 사람이 보이지 않았다. 단체 행사를 하는 건 아닐까? 공개된 전시인지조차 알 수 없었다. 입구엔 안내 문구도 없었고, 누구에게 물어볼 수도 없는 분위기였다. 괜히 발걸음이 망설여졌다.
　'내가 들어가도 되는 걸까?'

　조심스럽게 문을 열고 한 발짝 들어섰다. 사진 전시회가 열리고 있었고, 익숙한 풍경 속 익숙한 한적함이 나를 맞이했다. 사진들을 천천히 둘러보다 문득 생각이 들었다.
　'작가가 누구지?'

익숙하지 않은 구도, 흔들린 초점. 전문적인 냄새는 덜했지만, 왠지 모르게 한 장 한 장이 궁금해졌다.
'누가 찍었을까? 왜 이런 장면을 담았을까?'

그렇게 벽면을 따라 걷다 작은 팻말 하나가 시선을 붙잡았다.
'예그리나장애인복지센터 주관'

그 순간, 내 머릿속의 물음표 하나가 느낌표로 바뀌었다.
'아, 그렇구나.'

사진의 초점이 흔들리고, 구도가 낮았던 이유, 그들은 휠체어나 보조기구에 의지해 세상을 바라보는 사람들이었다.
그래서 작가들의 시선은 지면과 더 가까웠다.

그들이 본 세상은 우리가 무심히 지나치는 낮은 풍경들, 불편한 높이의 계단, 조금 더디게 다가오는 빛이었다. 사진 속 모든 풍경은 그들의 눈높이 그대로였다.

그리고 또 하나 깨달았다. 이 전시는 '완벽한 사진'을 보여 주는 것이 아니라, '하나뿐인 시선'을 나누는 자리였다는 것. 그 시선 속에는 불편함도, 응시도, 기다림도 있었다. 그리고 세상을 마주하는 조용한 용기와 자존감이 있었다.

'시선을 맞춘다'는 것.
그것은 단순한 자세의 문제가 아니라, 배려와 공감의 시작이다.

나는 그들의 눈높이를 상상하며 사진들을 다시 바라보았다. 그리고 그 순간, 내 시선도 조금 낮아졌다.

🔗 연결된 생각
나만의 시선으로

세상을 바라볼 때 상대의 눈높이를 상상하는 것이 배려와 이해의 출발점이듯 재무 관리에서도 같은 자세가 필요하다.

타인의 기대나 일반적인 기준에 맞추는 것이 아니라, 나만의 시선으로 세상을 바라보는 것.

높은 목표만 좇기보다, 지금 내 눈높이에서 나의 현실을 정확히 보는 것부터 시작해야 한다. 나의 소득과 지출을 있는 그대로 인정하고, 남들이 말하는 투자 수익률이 아니라, 지금 내 상황에 맞는 현실적인 계획을 세워 가기.

내가 어디에 있는지, 무엇을 바라보고 있는지를 정확히 아는 것. 그것이 나만의 재무관을 만드는 첫걸음이다.

경제를 대하는 태도도, 세상을 바라보는 시선처럼 나에게 정직하고, 나에게 맞는 시선을 가질 때 비로소 흔들리지 않는 삶을 설계할 수 있다.

그리고, 내가 전하는 경제 이야기는 여기서 시작된다.

나는 안다. 단지 눈높이를 낮추는 것만으로는 충분하지 않다는 것을. 정말 중요한 건, 그들의 시선으로 세상을 바라보려는 마음이다.

불편함 속에서도 세상을 담아낸 사진 속 작가들의 시선처럼, 나도 내 기준이 아니라 상대의 자리에서 세상을 상상해 보는 연습이 필요하다.

삶의 많은 순간에서도 마찬가지다. 말을 꺼내기 전에, 지식을 나누기 전에, 그들이 세상을 어떤 눈으로 마주하고 있는지를 먼저 바라보려는 마음.

시선의 전환은 이해의 시작이자, 존중의 출발점이다. 그리고 나는 그 마음을 늘 잊지 않기를 바란다. 하나님께서 내게 그런 시선을 허락해 주시길, 조용히 기도해 본다.

3 그림 속, 중학생의 마음

 오늘은 어떤 전시가 열리고 있을까! 도서관에 들어서자마자 자연스레 전시장 쪽으로 발걸음이 향했다. 무언가 새로운 이야기를 만날 수 있을 것 같은, 익숙하면서도 설레는 공간이다.

 유리 너머로 보인 건 예상 밖의 풍경. 중학생들의 미술 작품들이 전시되어 있었다. 순간, 마음이 환기되는 기분이었다. 이야깃거리가 가득할 것 같은 그림들, 신선하고 솔직한 시선이 그 안에 담겨 있을 것 같았다. 전시장 안으로 들어서는 걸음이 가벼워졌다.

작품명 **나의 내숭**

온라인 수업 시간.
카메라에 잡히는 상의는 단정한 교복.
하지만 화면 너머 하의는 자유로운 복장.

웃음이 났다. 학생의 장난스러운 현실 고백이 이토록 솔직하게 그림에 담겨 있을 줄은 몰랐다.

작품의 익살스러움 속에 '진짜 나'를 표현하는 용기와 현실을 유쾌하게 받아들이는 유연함이 보였다.

> **작품명** **특별한 것들의 지루함**

무언가를 간절히 원하고, 열심히 노력해 그것을 이루어도 그 만족은 생각보다 오래가지 않는다. 행복은 도착점이 아니라, 늘 다시 시작되는 여정이라는 걸 아이의 표현을 통해 다시금 떠올리게 됐다.

그림 하나에 담긴 이 진리 앞에 나는 천천히 고개를 끄덕였다.

> **작품명** **책상 위의 도시**

학생의 하루는 거의 대부분이 '책상 위'라는 작은 공간 안에서 흘러간다. 그 작은 세상 위에 펼쳐진 학용품들이 도시의 풍경처럼 보인다.

연필은 기둥 같고, 지우개는 벽처럼 단단하다.
그 도시엔 꿈도 있고, 피로도 있고, 언젠가 펼쳐질 미래가 숨어 있다.

아이들의 마음은 생각보다 깊다.

그림은 그 마음의 출구가 되어 삶에 대한 질문과 감정을 조금씩 흘려보낸다.

내 아이도 중학생이 되었다.
그들의 눈으로 본 세상은 어떤 풍경일까.
이 작품들을 보며 나는 잠시, 아이들의 내면과 더 가까워진 기분이었다.

그림 속 마음은 말이 없지만, 그림을 본 마음은 말이 많아졌다. 몸도 마음도 건강하게, 자신만의 시선으로 세상을 바라보기를. 나는 아빠의 마음으로 응원한다.

연결된 생각
안전하게 실패하는 기회

아이들은 저마다의 시선으로, 저마다의 자유로운 상상으로 어른이 되어 가는 중이다.
그런 아이들이 처음으로 만나는 재무 관리는 적은 용돈을 다루는 일에서 시작된다.

초등학생일 때는 일주일이나 이 주일 단위로 용돈을 받지만, 중학생이 되면 스스로 한 달 용돈을 계획하고 사용하는 경험을 하게 된다.

적은 돈을 직접 관리하고, 쓰고 난 뒤 후회하거나, 다시 계획을 세워 보는 과정 속에서 아이들은 돈에 대한 감각을 키워 간다.

한 달 용돈을 받아 며칠 만에 다 써 버리고, 남은 날을 난감해하는 아이를 보며 우리는 종종 걱정부터 앞세운다.
"왜 계획 없이 쓰니?"
"다시 안 준다?"
"이건 너의 책임이야."

하지만 나는 요즘 생각한다.
이런 서툰 선택들이야말로, 아이에게 가장 좋은 경험이 될 수 있다.

돈을 다 써서 친구와 약속을 미루고, 지갑을 뒤적이며 후회도 해 보고, 스스로 계획을 세워 보려 애쓰는 그 과정. 그것이 진짜 자산 교육의 시작이 아닐까.

한 달 용돈의 '부도 경험'은 성인이 되어 더 큰 금액을 다루기 전, 가장 안전하게 실패할 수 있는 기회다.

그래서 이제는 혼내기보다 말없이 지켜보려 한다.
실패해도 괜찮다고, 다시 해보면 된다고.

중학생의 서툰 선택이 미래의 탄탄한 기준이 되기를.

그 성장의 곁에서 부모는 결과가 아니라 과정으로, 지시가 아니라 응원으로 존재해야 한다.

4 사실이 진실은 아닐 수 있다

직장에서 동료가 한숨을 쉰다.
"오늘 주식이 10%나 떨어졌어요." 목소리에는 걱정과 실망이 가득하다.

나는 위로의 말을 건네고, 조심스럽게 물었다.
"그럼 얼마가 손해예요?"

그는 말했다.
"사실은 지난 일주일 동안 50%나 올랐는데요, 오늘 갑자기 10%가 떨어져서 지금은 수익이 40%예요."

나는 웃으며 되물었다.
"손해가 아닌데?"

우리는 종종 '사실'이라는 말에 모든 판단을 맡겨 버리곤 한다. 신문 기사 한 줄, 주식 그래프의 하루치 변화, 한 장의 판결문이, 그 수치가, 그 장면이 모든 진실을 보여 준다고 믿는다. 하지만 그 '사실'이 과연 전체의 진실일까?

예를 들어, 어떤 재판에서 한 피고인이 무죄 판결을 받았다. 기사 제목은 "억울함이 밝혀졌다."라고 전한다. 하지만 진실은 이렇다.
그가 무죄를 받은 이유는 공소시효가 지났기 때문이고, 그가 범인이라는 증거는 이미 충분히 확보된 상태였다.

결국, 무죄는 '판결'일 뿐, 그가 무죄임을 증명하는 것은 아니다.

부분적 사실은 우리의 감정을 자극하고, 판단을 흐리게 만든다. 그러나 그것이 전체의 진실을 말해 주진 않는다.

눈앞의 장면만 보고 전체의 흐름을 놓치면, 우리는 쉽게 오해하고, 쉽게 낙담하며, 쉽게 분노하게 된다.

멀리 보고, 넓게 생각하는 지혜, 그것이 우리가 진실에 더 가까워질 수 있는 유일한 방법이다.
정보보다 지혜가 필요한 순간, 사실보다 진실을 마주하고 싶은 날들, 그럴 때 나는 스스로에게 묻는다.

사실이지만, 진실이 아닐 수 있다.

◎ 연결된 생각
진실은 맥락 속에 있다

사실은 단편이고, 진실은 흐름이다.
우리는 종종 숫자 하나, 기사 한 줄에 판단을 맡겨 버린다. 하지만 그 수치가 어디서부터 시작되었고, 무엇을 생략했는가를 보지 않으면, 진짜 의미를 알 수 없다.

투자도 마찬가지다. 어제 급등한 주식이 사실은 1년 내내 하락했던 종목일 수도 있고, 잠시 조정 중인 자산이 10년 동안 꾸준히 상승해 온 우량 종목일 수도 있다.

감정은 단편에 흔들리고, 지혜는 맥락에서 판단한다.

내가 지금 보고 있는 정보가 전체 그림 중 어디에 놓인 것인지, 지금의 판단이 시간이라는 흐름 속에서 어떤 의미를 가지는지 한 번 더 묻는 태도가 필요하다.

진실은 항상 드러나 있지 않다. 보려는 사람에게만 본연의 모습을 드러낸다.

우리는 수많은 기사와 데이터 속에서 엄청난 인사이트를 얻길 기대하지만, 그 정보들 역시 누군가의 의도에 의해 선택되고 편집된 것일 수 있다.

모든 정보는 제공자의 목적을 담고 있다. 진짜 진실을 마주하려면, 그 의도까지 읽어 내려는 태도가 필요하다.

5. 긍정적인 생각에 대한 오해

예전엔 '긍정적'이라는 말을 이렇게 생각했다.
안 좋은 일도 좋은 쪽으로 생각하는 것.
힘든 상황에서도 웃고, 슬픈 일도 괜찮다고 말하는 것.
그래야 긍정적인 사람이라고 생각했다.

하지만 이제는 다르게 생각한다.
진짜 긍정은, 좋지 않은 일을 좋다고 말하는 게 아니라, 그저 '그렇다'고 인정하는 것이다.

어떤 일이 일어났을 때 그 일이 나쁜 일이라면, "이건 나쁜 일이야."라고 말할 수 있어야 한다. 억지로 위로하지 않아도 된다.
"괜찮아질 거야."라고만 말하는 것은 오히려 감정의 진실을 외면하는 일일지도 모른다.

긍정적인 사람은 현실을 왜곡하지 않는다. 오히려 그 현실을 있는 그대로 받아들이는 사람이다.

'긍정한다'는 것은 하나의 명제를 '옳다'고 인정하는 일이다. 좋고 나쁨의 문제가 아니라, '있는 그대로의 사실'을 외면하지 않는 태도다.

안 좋은 일은 안 좋은 일로 받아들이고, 그 안에서도 내가 어떻게 반응할지를 선택할 수 있는 것, 그것이 내가 지금 이해하고 있는, 긍정이라는 말의 진짜 뜻이다.

"나는 한 가지를 안다. 그것은 내가 아무것도 모른다는 것이다."
- 소크라테스

소크라테스의 이 말은 단순한 겸손이 아니다.

자신의 한계를 인정하고, 무지를 깨닫는 순간부터 비로소 배움이 시작된다는 철학적 선언이다.

재무 관리와 투자에서도 이 태도는 그대로 적용된다.

많은 사람이 주식, 부동산, 연금, ETF 같은 단어들을 접하면 마치 모든 것을 다 알고 선택할 수 있는 듯한 착각에 빠진다.

하지만 실제로는 정보의 일부만 이해한 채 의사 결정을 내리곤 한다.

이때 가장 큰 위험은 '모른다는 사실을 모르는 것'이다.

투자를 시작할 때 "나는 모른다."라는 자각은 실패를 줄이는 힘이 된다.

"내가 시장의 방향을 정확히 알 수 없다."라는 사실을 인정하면 무모한 추측 대신 분산 투자와 장기 전략으로 눈을 돌리게 된다.

저축 역시 마찬가지다.
"나는 앞으로 어떤 상황이 닥칠지 모른다."라는 깨달음은 비상 자금 마련과 꾸준한 저축 습관으로 이어진다.
이는 단순히 돈을 모으는 행위가 아니라, 예측할 수 없는 삶에 대한 준비이자 지혜로운 태도다.
결국, 모른다는 사실을 아는 것이야말로 불확실한 시장 속에서 스스로를 지켜 내는 가장 큰 지혜다.

연결된 생각
투자의 손실은 과거이다

미래를 보는 것, 그것이 긍정적인 자세이다.

투자에서도 '긍정'은 종종 오해된다.
손실을 보고도 "괜찮을 거야."라고 스스로를 속이는 것은 긍정이 아니다.
진짜 긍정은 이미 발생한 손실은 '과거'라는 사실을 인정하고, 이후 무엇을 선택할지를 고민하는 태도에서 출발한다.

나 역시 3년간 보유하던 종목을 다시 바라본 적이 있다. 종목 자체는 변하지 않았지만, 내가 의지하던 정보가 새롭게 업데이트되면서 미래 전망에 대한 판단이 달라졌다. 그때 중요한 것은 지금 손익이 아니라, '과거에 묶이지 않고 미래를 기준으로 다시 선택할 수 있느냐'였다. 지난 시간이 아깝다는 이유로 투자를 유지하는 것은 결국 과거에 머무르는 일이 될 수 있다.

소크라테스가 말했듯, "나는 모른다."라는 태도는 아무것도 선택할 수 없다는 뜻이 아니다. 오히려 확신에 갇히지 않고, 새롭게 들어오는 정보를 받아들여 유연하게 선택할 수 있는 기준이 된다. 미래를 정확히 예측할 수 없다는 사실을 인정할 때, 우리는 과거의 손실에 묶이지 않고 현재의 판단을 새롭게 점검하며 미래의 방향을 다시 정할 수 있다.

과거에 묶여 있으면, 현재를 흔들고, 미래를 잃는다.
긍정이란, 현실을 인정한 후에 미래를 다시 보는 힘이다.

6 내 마음의 그릇

한 젊은 스님이 있었다.

현명한 큰스님은 늘 투덜거리는 제자를 데리고 하루는 물을 마시게 했다.

처음엔 소금을 한 줌 가져오게 해, 물컵에 넣고 마시게 했다. 제자는 얼굴을 찡그리며 말했다.

"짭니다…."

이번엔 같은 양의 소금을 들고 호숫가로 갔다.

소금을 호수에 넣게 하고, 호숫물을 한 컵 떠 마시게 하며 물었다.

"소금 맛이 느껴지느냐?"

제자는 말했다. "아니요, 시원합니다."

그때 큰스님이 말했다.

"인생의 고통은 소금과 같다.

짠맛의 정도는 고통을 담는 그릇에 따라 달라지지."

나는 이 이야기를 오래도록 마음에 담아 두고 있다.
누구나 고통을 피할 수는 없다. 하지만 그 고통을 얼마나, 어떻게 담을지는 각자의 그릇에 달려 있다.

마음이 작고 좁으면 작은 고통도 쉽게 넘치고,
작은 말 한마디에도 마음이 흩어진다.
그런 사람은 쉽게 상처받고, 쉽게 포기하게 된다.

반면, 마음이 크고 유연한 사람은 작은 손실에도 흔들리지 않고 자신의 원칙을 지켜 간다. 그리고 그들은 작은 이익에도 조급히 수익을 실현하지 않는다. 눈앞의 이득보다 긴 호흡의 안정과 성장을 지지한다.

마음의 그릇이 좁으면 장기적인 성과를 이뤄 내기 어렵다. 늘 눈앞의 변화에 민감하게 반응하고, 감정에 휘둘린 채 판단하게 된다.

마음이 넓다는 건 참는 것이 아니라, 더 크게 받아들이는 것이다.

내가 지금 들고 있는 컵은 호수보다 넓은가, 아니면 종이컵보다 작은가? 자신의 감정과 반응을 바라보는 이 질문은, 지금 나의 경제적 삶에도 꼭 필요한 물음이다.

🔗 **연결된 생각**

여유로운 자산 관리

우리는 흔히 감정은 '내 안에서 생긴다'고 생각하지만, 사실 대부분의 감정은 외부에서 들어온다.
누군가의 말, 갑작스러운 시장의 흔들림, 예상치 못한 뉴스 하나에도 감정은 출렁인다.

하지만 그 감정을 어떻게 받아들이고 반응할지는 내 마음이 준비된 정도에 달려 있다.

누군가는 작은 소식에도 크게 흔들리고, 누군가는 거대한 변동성 앞에서도 차분히 자신의 기준을 지킨다.

금융 위기, 코로나19, 전쟁, 이 모든 커다란 불확실성 속에서도 차분하게 대응하는 사람은 '정확한 전망'을 한 사람이 아니라, '미리 그릇을 준비해 둔 사람'이다.

마음이 넓다는 건 참는 것이 아니라, 감정을 부드럽게 흘려보낼 수 있는 여유를 갖는 것. 자산 관리에서의 단단함도 지식이 아니라, 감정의 그릇에서 비롯된다.

주식 시장도 긴 시간의 흐름 속에서는 크고 작은 파도를 지나 결국 우상향 해 왔다.
이 흐름을 이해하고 기다릴 수 있을 때, 감정에 휘둘리지 않는 여유로운 자산 관리가 가능해진다.

7. 마음은 달라질 수 있다

영화 「쇼생크 탈출」에서 주인공 앤디 듀프레인은 교도소 방송실의 문을 잠그고 모차르트의 오페라 「피가로의 결혼」 중 「Canzonetta sull'aria」를 틀었다.

두 명의 여성 성악가가 부르는 이 아름다운 곡은 말로 설명할 수 없는 감정을 전한다.

수감자들은 작업을 멈추고, 고개를 들어 하늘을 바라보며 잠시나마 자유를 느꼈다.

레드(모건 프리먼)는 이렇게 말한다.

"그 두 이탈리아 여인이 무슨 노래를 부르는지는 지금도 모른다. 사실 알고 싶지도 않다. 말로는 표현할 수 없는 아름다움을 노래하고 있었을 거라고 생각하고 싶다."

그 장면을 떠올릴 때면, 나는 문득 운전병 시절이 생각난다.

전우들을 태우고 이동하던 군용 차량 안, 라디오에서 흘러나오던 한 곡의 음악이 내 감정을 바꾸어 놓았다.
영화 「쉬리」의 주제곡, 「WHEN I DREAM」

검게 그을린 얼굴의 군인들, 먼지가 날리는 도로, 그 안에 흘러든 부드럽고 따뜻한 멜로디.

그 순간, 나는 가족과 친구들과 함께 있는 듯한 따뜻한 평온을 느꼈다.

그때 처음 알게 됐다.
감정이란, 외부 자극보다 무엇에 집중하느냐에 따라 달라질 수 있다는 것을. 지금의 나를 힘들게 하는 환경보다 내 안의 '감정의 방향'이 더 중요하다는 것을.

우리는 모두 마음을 가둘 수 없는 존재다.
그리고, 마음은 언제든지 달라질 수 있다.

🔗 연결된 생각
내가 만들어 가는 결과

바위틈에서 피어난 꽃은 처음부터 계획했던 모습이 아니다.
비바람의 위협, 뿌리를 내릴 공간도 부족한 환경 속에서도 살아 내고자 하는 마음은 어떤 틈에도 가두어지지 않는다.

햇빛도, 물도 부족한 조건 속에서 스스로 균형을 잡고, 유연하게 방향을 바꾸며 결국 자기만의 자리를 만들어 낸다.

절벽의 바위틈에서 피어난 꽃은 꽃밭에 핀 꽃보다 더 귀하게 느껴진다.
척박한 환경을 이겨 낸 과정을 상상하게 되고, 환경을 받아들이는 삶의 자세를 떠올리게 된다.

마음을 열고, 현실을 받아들이는 순간, 이전과는 다른 길이 조금씩 보이기 시작한다.

삶도 마찬가지다.
예상치 못한 경제의 흐름, 외부 요인으로 인한 투자 손실처럼 우리를 흔드는 순간은 언제든 찾아온다.

그럴 때 필요한 건, 조급한 판단이나 빠른 반응이 아니라, 마음을 진정시키는 힘이다.

한 발짝 물러서서 현실을 객관화하고, 너무 가까이에서만 보았던 계획들을 조금 더 넓은 시선으로 다시 바라보는 것. 그 자세가 흔들림 속에서도 자신을 지키는 균형점이 된다.

지금 이 순간, 처음 재무 계획을 시작했을 때의 마음, 지금 내가 처한 위치, 그리고 가고 싶은 방향을 다시 점검해 보자.

삶은 언제나 계획한 대로 흘러가지 않는다.
현실을 받아들이는 마음과 유연한 대응이 바위틈에서 피어난 꽃처럼 특별한 모습이 되고, 그 모습은 결국 나만의 결과가 된다.

현실 위의 마음
↳ 일상과 마주하기

   살아간다는 건, 결국 매일의 선택이 모여 하나의 삶이 되는 일이다. 그리고 그 선택은 언제나 가까운 사람, 익숙한 일상, 반복되는 현실 속에서 만들어진다.

   「2부」는 그런 일상 속 마음의 진실을 마주하는 이야기들로 채워진다.
   결혼이란 다름을 함께 살아 내는 것임을 깨닫고, 청년이란 단어 속에 담긴 자립의 무게를 이해하며, 아이의 마음에 스며든 말의 흔적을 돌아보게 된다.

   때로는 사소한 소비의 망설임이 우리 삶의 기준을 다시 세우게 만들고, 태양처럼 멀리 있는 목표가 지금의 작은 행동을 흔들리지 않게 붙들어 준다.

   「2부」에는 다음과 같은 이야기들이 담겨 있다.

- 부부 사이의 돈 이야기를 통해 균형의 감각을 배우고
- 자립을 준비하는 청년의 시선을 통해 경제 교육의 본질을 느끼며
- 돈에 대한 태도와 언어의 힘을 다시 생각하게 되고
- 저축과 소비 사이에서 나만의 기준을 찾아가며
- 장기적인 자산 관리를 위한 '방향'이라는 개념을 새기게 된다.

「2부」는 실천보다 먼저, "지금 내 삶은 어떤 모습인가?"를 묻는 시간이다.

현실이라는 무대 위에 선 나를 바라보며, 조금 더 따뜻한 시선과 분별력 있는 태도를 스스로에게 허락하게 될 것이다.

· 나의 마음 정리 ·

지금 기억하고 싶은 문장이나 떠오른 생각,
나만의 실행 다짐을 자유롭게 적어보세요.

8
결혼이란,
서로 다름의 미학이다

여유로운 토요일 오후, 소파에 앉아 TV를 보고 있는데, 아내가 퉁명스럽게 말한다.
"도대체 왜 화장실 문을 또 열어 놨어?"

나는 열어 두는 게 더 위생적일 것 같았고, 날이 좋아 습기를 말리고 싶기도 했다. 하지만 아내는 그게 아닌가 보다.
우리 부부는 사소한 습관부터 다르다.

나는 아침을 꼭 챙겨 먹는다.
반면, 아내는 아침을 거의 먹지 않는다. 이런 일은 다른 부부에게도 흔히 있을 테다.
누군가는 식사를 중요하게 여기고, 누군가는 건너뛰는 게 더 편하다.

아내에게는 내가 먹는 아침 한 끼가 번거로운 식사 준비로 느껴지는

지도 모른다.
나에겐 자연스러운 습관이, 아내에겐 불필요한 수고일 수 있는 것이다.

생각해 보니, 아침에도 비슷한 일이 있었다.
아이를 깨우려고 방에 들어갔는데, 아이 방 한쪽에 양말이 널브러져 있었다. 순간 퉁명스럽게 말했다.
"이런 건 그냥 바로 세탁실에 가져다 놔야지."

그런데 나중에 들은 이야기로는, 아이도 나름의 생각이 있었다. 늦은 시간, 조용히 자고 있는 가족을 깨울까 봐 아침에 옮기려고 했다는 것이다.

결혼이란, 서로 같아서 편한 것이 아니라 서로 달라서 성장할 수 있는 관계다.

다름은 때때로 갈등을 만들지만, 그 다름 덕분에 한쪽으로 치우치지 않고 균형을 찾아가는 여정이 된다.
바로 그것이, 결혼의 미학이다.

우리는 결혼을 통해 서로 다른 세계를 만난다.
성격, 습관, 표현 방식, 돈을 쓰는 기준, 시간을 보내는 방식까지 닮은 점보다는 다른 점이 더 눈에 띈다.

그 다름은 처음엔 낯설고, 때로는 답답하고, 가끔은 서운함이 되기도 한다. 하지만 그 다름을 있는 그대로 받아들이기 시작할 때, 결혼이라는 관계는 비로소 균형의 미학을 드러낸다.

서로가 다르기에 더 넓은 시야를 가질 수 있고, 더 나은 결정을 할 수 있으며, 더 단단한 팀이 될 수 있다.
같지 않기 때문에 배워야 하고, 배우기에 관계는 성장한다.

그래서 나는, 앞으로는 다정하게 물어봐야겠다.
"왜 화장실 문을 닫아 두는 거야?"
"왜 양말을 여기에 둔 거야?"

지적이 아니라 질문으로, 다름을 무시하지 않고 이해하려는 마음으로, 나와 다른 생각을 존중해야겠다. 그 다름 안에 사랑이 있고, 배려가 있고, 우리가 함께 살아가는 이유가 숨어 있을지도 모르니까.

 **연결된 생각**
부부 재무 관리의 균형

부부는 저축 습관이나 투자 성향이 다를 수 있다.
한 사람은 예금처럼 안정적인 방식을 선호하고, 다른 사람은 주식이나 펀드처럼 수익을 중시할 수도 있다.

이런 차이는 갈등의 씨앗이 되기도 하지만, 오히려 투자 위험을 분산시키는 기회가 된다.

한쪽의 신중함과 다른 한쪽의 도전이 서로를 보완하면서, 더 균형 잡힌 포트폴리오를 만들 수 있기 때문이다.

서로의 성향을 바꾸려 하기보다, 있는 그대로 인정하고 조율하는 것이 중요하다.
다름을 받아들이고 나누는 태도가 가장 현실적이고 아름다운 재무 관리 전략이 된다.
결혼이란, 닮아 가는 것이 아니라, 다름을 함께 살아 내는 것이다.

9 어른이 된 아이

    KDI 한국개발연구원에서 주관한 세미나에 참석했다.
    경제 교육을 실천하고 있는 전문 강사들을 위한 프로그램이었고, 그날 강의 중 유독 마음에 남는 시간이 있었다.
    취약 계층 경제 교육의 현실과 방향을 다루던 시간, '브라더스키퍼' 김성민 대표의 강연이었다.

    강의를 들으며 나는 어느새 그의 말에 깊이 집중하고 있었다. 그의 말투, 시선, 이야기의 온도엔 겉으로 드러나는 정보 이상으로 진심이 담겨 있었다.

    그의 말과 태도에서 깊은 신뢰를 느낄 수 있었고, 따뜻한 힘이 깃들어 있었다.
    그의 태도에는 안정감과 배려가 자연스럽게 배어 있었다.
    그래서 더 궁금해졌다.

'저 사람의 따뜻한 마음은 어디서부터 비롯된 걸까?'

그는 보호 시설에서 퇴소한 청년들, 이른바 '자립준비청년'들을 돕는 사회적기업 '브라더스키퍼'를 운영하고 있다.
일자리를 만들고, 마음을 나누며, 청년들이 사회 속에서 스스로 설 수 있도록 옆을 지켜 주는 사람이다.

그의 활동은 단순한 후원이나 선의 이상의 무언가였다. 그래서 나는 문득, 더 궁금해졌다.
'왜 그는 이 일을 하게 되었을까?'

그러다 알게 되었다.
그도 보호 시설을 떠나 홀로 살아야 했던 자립준비청년이었다는 사실을. '아, 그래서였구나.' 그 한마디에 그의 모든 선택과 행보가 이해되었다.

그는 누구에게도 의지할 수 없었던 현실, 막막하고 외로웠던 날들, 아무도 묻지 않았던 하루의 감정, 어디에도 말할 수 없었던 불안에 대해 이야기했다.

누군가는 그를 '어른'이라 불렀지만, 정작 그는 아직 준비되지 못한 마음이었다고 말했다.
"내가 설 자리가 어딘지도 모르겠던 시절이 있었어요."

그 말이 오래 기억에 남았다.

일을 구해도, 집을 얻어도, 마음을 기댈 곳은 없었다고 했다. 그 외로움과 감사를 품은 마음이 지금의 단단한 어른을 만들어 냈다.

그리고 이제, 외롭게 어른이 되어야만 했던 시절을 지나 아직은 서투른 어른이 된 아이들의 의지가 되어 주고 있다.

그는 안다.

막막한 시작 앞에서 조언이나 일시적인 도움보다 더 필요한 것이 무엇인지.

그는 함께 살아가는 공동체의 의식, 그리고 서로를 응원하는 다정한 시선을 전하고 싶다고 말한다.

물질적인 지원도 물론 필요하다. 하지만 어른이 된 아이들에게 더 절실한 건, 보호의 관점이 아니라, 스스로 설 수 있도록 곁에 있어 주는 연대다.

그렇게 그는, 준비되지 않은 채 어른이 되었던 아이에서, 이제는 누군가의 하루를 조용히 붙들어 주는 진짜 어른이 되었다.

 연결된 생각
청년의 경제적 자립

어른이 되었다는 생각에 위험을 인식하지 못한 채 투자에 뛰어드는 청년들을 종종 본다.
주식이나 코인처럼 빠른 수익을 좇다가 부채가 쌓이고, 신용불량자로 낙인 찍히는 경우도 있다.

낮은 신용 상태는 취업의 기회를 막고, 그 악순환은 경제적 자립을 더욱 어렵게 만든다.
그래서 첫 단추를 바르게 끼우는 준비가 중요하다.

자립준비청년들과 경제 교육을 통해 소통한 적이 있다. 그들은 어린 시절의 상처와 앞으로 살아가야 할 현실의 불안으로 마음을 쉽게 열지 못했다.
'재무 설계', '돈의 가치', '자산 관리' 같은 단어는 처음 듣는다고 했다. 한 청년은 눈을 크게 뜨며 말했다.
"더 알고 싶어요."
그 말이, 오랫동안 내 마음에 남았다.

그 순간 나는 깨달았다.
이들이 제대로 경제 교육을 받아 본 적이 없을 수도 있다는 것, 그리고 내가 전한 수업이 단순한 정보가 아닌, 삶을 바꿀 수 있는 시작점이 될 수도 있다는 사실.

그래서 나는 다짐한다.
'소외된 분들께 소홀하지 않겠다.'
경제를 도구로 삼아 삶을 향기롭게 가꿀 수 있도록 돕고 싶다.

자립준비청년뿐만 아니라, 지금을 살아가는 모든 청년에게 전하고 싶다. 자립이란 혼자 살아가는 것이 아니라, 삶의 방향을 스스로 선택할 수 있는 힘을 갖는 것이라고.

그 힘은 경제적 지식과 경험에서 시작된다. 급하게 선택할 필요는 없다. 작은 습관부터 천천히, 성실하게 준비해도 괜찮다.

경제 용어에 익숙해지고, 관련된 책을 조금씩 읽어 보는 것부터 시작해도 좋다. 적은 돈이라도 직접 운용해 보며, 재테크를 경험해 보는 것도 큰 도움이 된다.

그렇게 쌓인 이해와 체험이 모이면 자신만의 기준이 생긴다. 지속 가능한 계획을 세우고, 불확실한 정보 대신 이해하고 판단할 줄 아는 힘을 기르는 것이다.

그것이 아직은 서투른 청년들에게 가장 먼저 필요한 재무 관리의 출발점이다.

10 그림 속에 남은
말의 흔적

업무 일정보다 여유 있게 출장지에 도착했다.

너무 일찍 도착하면 시간이 아깝게 느껴질 수도 있지만, 나는 그런 여유를 오히려 좋아한다.

빠르게 흘러가는 하루에 잠시 머무를 틈이 생긴다는 건, 생각보다 큰 행운이니까.

오늘도 그런 시간이 찾아왔다.

더운 여름날, 에어컨 바람을 쐬고 싶어 가볍게 들어선 구청 건물 1층 로비에서였다. 한쪽 벽면에 조용히 걸려 있는 그림들이 나의 걸음을 붙잡았다.

전시의 제목은 '그리다 - 100가지 말상처'였다.

아무 말도 없는데도 묘하게 마음이 눌리는 제목이었다.

한 발짝, 한 발짝 그림 앞에 서자, 익숙한 말들이 낯설게 느껴졌다.
"다 너 잘되라고 하는 말이야."
"남들은 다 하는데 너는 왜 못 하니?"
"그럴 거면 하지 마."

어른들에게는 '그냥 한마디'였을 말이 아이들의 그림 속에서는 상처의 색깔로 번져 있었다.
익숙하다고 생각했던 말들이. 누군가에겐 아프다는 사실을, 왜 우리는 미처 몰랐을까.

부모님의 말씀, 선생님의 말씀, 주변 어른들의 말 속에는 의도보다 더 큰 힘이 담겨 있었다. 그리고 그 말들은 때때로 사랑보다 더 강하게 아이들의 마음을 흔들어 놓았다.

"말 한마디에 천 냥 빚도 갚는다."라는 말보다 "말 한마디로 천 개의 상처를 남긴다."라는 말을 더 자주 떠올려야 할 것 같다.

전시 마지막에는 이런 문장이 적혀 있었다.
"아이를 향한 부모의 사랑에 자녀들이 상처받지 않도록 하는 것은 아이의 능력이 아니라, 부모의 역할입니다."

아이를 사랑하는 마음은 분명하지만, 그 표현이 뾰족해질 때가 있다. 우리는 가끔 '사랑하는 방식'도 배우고 바꿔야 한다는 사실을 잊는다.

사랑은 감정이지만, 표현은 기술이기도 하다.

🔗 연결된 생각
돈을 대하는 태도

우리는 말 한마디가 사람의 마음을 아프게도, 따뜻하게도 할 수 있다는 걸 알고 있다. 그런데 이상하게도, 돈에 대해서는 그런 감각을 쉽게 잊는다.

"돈이 뭐 별건가요."
"나는 돈이랑은 인연이 없어요."
"돈 좀 없으면 어때요."

그 말투엔 무력감, 포기, 혹은 무심함이 묻어 있다. 하지만 소중하지 않게 여기는 태도에서 소중한 결과가 자라나긴 어렵다.

돈은 행복의 씨앗이다.
내가 원하는 행복에 돈을 심으면, 그 돈은 내가 원했던 방향으로 자라게 된다.

부정적인 언어로 돈을 대하면 그 씨앗은 움츠러들고, 결국 자라지 못한 채 시들어 버릴 수도 있다.

돈에 대해 말하는 방식은 내가 그것을 얼마나 아끼는지, 그리고 어떻게 다루고 싶은지를 드러낸다.
지식을 배우기 전에, 돈을 대하는 태도부터 돌아보아야 한다. 돈을 무서워하거나, 피하거나, 얕보지 않는 태도.

좋은 말이 관계를 살리듯,
좋은 태도는 돈과의 관계도 살린다.

태도는 기술보다 오래가고, 돈을 향한 언어는 결국 삶을 향한 관점으로 남는다.

11 저축을 하는 이유

퇴근길, 편의점에 들러 커피 하나를 고르다 말고 웃음이 났다. '이걸 살까, 말까.' 이런 고민을 내가 하고 있다니, 가끔은 이런 사소한 일상의 망설임 속에서 내 삶의 기준을 다시 들여다보게 된다.

아끼고 저축해야 한다는 실천적 책임감, 언젠가를 위해 지금을 미루는 감정까지, 그 모든 것이 나의 삶에 대한 조용한 성찰을 이끌어 낸다. 그래서 다시 생각해 본다.
내가 절약을 하는 이유는 '참기 위해서'가 아니라 '내가 원하는 삶을 선택하기 위해서'라는 것.

저축은 단지 돈을 쌓아 두는 일이 아니다. 그것은 '어쩔 수 없는 선택' 대신 '준비된 선택'을 가능하게 하는 삶의 전략이다.

예상치 못한 상황에서 누군가는 급히 결정을 내리고, 누군가는 여유롭게 방향을 바꾼다. 여기서, 준비된 선택은 흔들리지 않는다.

언젠가 이직을 고민할 때도 그랬다. 충분한 저축이 있었기에 불안 대신 여유를 가지고 다시 나에게 맞는 길을 찾을 수 있었다.
그런 경험을 겪고 나서야 깨달았다.

저축이란, 숫자 너머의 자유를 위한 준비라는 것.

지금의 작은 절약은 미래의 큰 가능성을 위한 밑그림이다. 작은 선택 하나가 앞으로의 내 삶을 더 넓고 단단하게 만든다.

물론, 모든 저축이 무조건 옳다는 말은 아니다. 지금의 삶을 완전히 희생해서도 안 된다. 그래서 나는 항상 묻는다.
"이 저축은 어떤 자유를 위한 준비인가?"

적은 돈이라도, 작은 습관이라도 '의미'를 담고 시작하면, 그건 단순한 저축이 아니라 미래를 위한 투자다.

결국 우리가 저축을 하는 이유는 돈 때문이 아니라, 삶을 더 나답게 살기 위해서다.

◎ 연결된 생각
지금, 가능한 만큼

사회 초년생들과의 재무 상담 자리에서 자주 듣는 말이 있다.
"저는 재테크를 할 만한 돈이 아직 없어요."
"여유가 생기면 하려구요."

하지만 돈이 많다고 해서 재테크가 쉬운 것도, 늦게 시작해도 괜찮은 것도 아니다.

학생 시절, 성적이 나오기까지는 공부하는 과정이 필요하다. 준비 없는 시험은 좋은 결과를 기대할 수 없다. 재무 관리도 마찬가지다.

이해하고, 연습하고, 조금씩 해 보는 과정이, 훗날 안정적인 자산 관리의 바탕이 된다.

큰돈이 있어야 시작할 수 있다고 생각하기 쉽지만, 오히려 큰돈은 큰 위험이 될 수도 있다. 10만 원, 100만 원으로도 충분하다. 중요한 건 금액이 아니라, 생각과 태도다.

요즘은 금융 시스템이 발달해 10만 원으로도 ETF를 활용하면 미국, 중국, 일본, 인도 등 세계 시장에 분산 투자가 가능하다. 정보는 공개되어 있고, 도구는 누구에게나 열려 있다.

다만, 시선을 갖춘 사람만이 그 문을 열 수 있다.
경제는 가진 만큼 보이는 것이 아니라, 아는 만큼 보이는 세계다.

적은 돈이라도 지금 배우고 익히는 사람은, 미래의 큰 선택 앞에서도 흔들리지 않는 사람이 된다.

12. 태양을 바라보며 뛰는 사람

"태양을 바라보며 뛰는 사람은 촛불에 연연하지 않는다."
이 문장을 처음 들었을 때, 나는 곧장 자산 관리를 떠올렸다.

태양처럼 분명하고 멀리 있는 목표가 있다면, 눈앞의 작은 불빛 하나에 흔들리지 않을 수 있다는 말이 마음에 오래 머물렀다.

장기적인 재무 목표는 단지 은퇴 이후의 안정을 위한 것이 아니다. 그것은 삶 전체를 바라보는 시선이자, 지금의 선택을 가볍게 만들지 않게 해 주는 마음의 중심축이다.

태양을 향해 달리는 사람은 복리의 힘을 안다.
시간이 자산을 키워 준다는 걸 믿고, 지루하고 단조로워 보여도 꾸준함이라는 무기로 자산을 쌓아 간다. 그들은 수익보다 습관, 트렌드보다 원칙, 속도보다 방향을 먼저 본다.

반대로, 촛불을 좇는 사람은 눈앞의 수익과 유행에 흔들린다. AI가 뜬다 하면 몰려가고, 암호화폐가 급등하면 따라붙는다.

단기 수익의 달콤함에 익숙해지면, 시장의 파도에 더 쉽게 휩쓸리게 된다.

물론 그 촛불이 반드시 잘못된 건 아니다.

문제는, 그 빛이 작고 쉽게 흔들릴 수 있다는 것이고, 그 불빛만 따라가다 보면 태양이 어디 있는지 모르게 된다는 점이다.

🔗 연결된 생각
포트폴리오는 삶의 방향이다

재무 상담에서 자주 듣는 질문들이 있다.
"연금을 꼭 가입해야 하나요?"
"안전하게 예금으로만 저축하면 안 되나요?"

장기적인 재무 목표는 단순히 '오래 투자하겠다.'라는 다짐이 아니라, 삶을 설계하려는 자세다. 태양을 바라보는 사람은 단기적인 어둠에도 방향을 잃지 않는다.

첫 번째 질문 뒤에는 '많은 사람이 그 방향으로 가기에 나도 따라가야 할 것만 같은 불안'이 숨어 있다. 두 번째 질문 뒤에는 '주변에서는 다 투자를 하는데 나는 예금만 해도 괜찮은 걸까?'라는 흔들리는 마음이 담겨 있다.

하지만 예금만으로는 물가 상승과 화폐 가치 하락을 이겨 내기 어렵다는 현실을 모르는 경우도 많다.

그래서, 진짜 중요한 질문은 이것이다.
"나는 무엇을 위해 투자하고 있는가?"
"내 인생의 중심은 어디에 있는가?"

빛은 가까울수록 눈부시고, 멀수록 길을 비춘다.

촛불은 단기적인 재무 목표다. 작고 흔들리지만 지금 당장은 더 또렷하게 보인다. 하지만 그 불빛에만 집중하다 보면, 진짜 중요한 방향을 놓치게 된다.

태양은 전체 인생의 장기 재무 목표를 상징한다.
멀리 있어도 흔들리지 않으며, 시간이 흐를수록 더 분명한 방향을 비춰 준다.

지금 우리에게 필요한 것은 멀리 보는 지혜다.
장기 재무 목표를 향해 나아갈 때, 눈앞의 촛불에만 연연해서는 안 된다. 삶의 포트폴리오도 조급함이 아닌 방향으로 설계해야 한다.

13 지식의 도구와 기회

오랜만에 친구들과 부산으로 여행을 가던 길이었다.
술을 마시지 않는 나는 자연스레 운전을 맡았다.

차 안에서 오랜만에 만난 친구들과 서로의 안부를 나누고 있었다. 한 친구가 물었다.
"요즘 어떻게 지내?"
나는 웃으며 답했다.
"요즘 AI랑 친하게 지내고 있어."

친구가 물었다. AI가 무섭지 않냐고, 사람을 대체하면 어쩌냐는 것이다. 나는 되물었다.
"운전은 왜 해? 무섭지 않아? 차가 부딪치면 어떻게 해?"

자동차는 누구나 탄다. 어느 정도의 위험이 있다는 걸 알면서도, 그보다 더 큰 가능성을 믿기 때문이다.

더 멀리, 더 빠르게, 더 편하게.

자동차는 우리의 '물리적 이동 방식'을 완전히 바꿔 놓았다.

AI도 그렇다.

지식을 얻고 활용하는 방식, 문제를 해결하고 배우는 방식, 우리의 '지식 이동 방식'을 바꾸고 있다.

자동차가 '이동의 기술'이었다면, AI는 '지식의 기술'이다.

우리는 이제 더 풍부한 지식을 기반으로, 더 빠르게 실천할 수 있는 도구를 갖게 되었다.

익숙하지 않아서 낯설 뿐, 어쩌면 누구에게나 주어진 당연한 기회일지도 모른다. 자동차처럼, AI도 나를 원하는 방향으로 데려다줄 수 있다.

예전엔 지식을 얻기 위해 많은 시간이 필요했지만, 이제는 AI가 그 길을 열어 준다. 나는 방향만 정하면 된다. 그리고 이 기술의 특별한 점은, 모든 사람에게 동일한 성능으로 제공된다는 데 있다.

부자인 사람도, 지금은 여유롭지 않은 사람도, 학생도, 은퇴자도 같은 기회로 마주한다. AI는 사회적 조건과 관계없이 같은 속도와 같은 기능으로 모두의 앞에 놓여 있다.

 그럼에도 누군가는 이미 달리고 있고, 누군가는 조심스레 핸들을 잡아 보려 하고, 또 누군가는 여전히 문을 열지 못한 채 바라만 본다.

 기회를 활용하느냐, 두려움에 멈춰 서느냐는 전적으로 나의 선택이다.

 물론 자동차는 잘못 운전하면 사고가 날 수 있다. 하지만 AI는 다르다. AI를 잘못 다뤘다고 해서 물리적인 사고로 이어지진 않는다. 단지, 오류가 있을 수 있다는 사실만 기억하면 충분하다.

 이제는 선택의 시간이다.
 연습해 볼 것인가, 계속 바라만 볼 것인가. 처음 잡는 핸들은 누구나 어색하지만 거듭 익숙해지면, 길 위의 불안도 차츰 줄어든다.

 AI 역시 마찬가지다.
 익숙해질수록, 그 기술은 삶의 한 부분이 된다. 그리고 언젠가는, 그 기술 덕분에 내가 더 멀리, 더 깊이 배울 수 있었음을 깨닫게 될 것이다.

🔗 **연결된 생각**

기회의 도구

'재테크'는 '재무(Finance)'와 '기술(Technology)'의 합성어다. 즉, 돈을 관리하는 데 필요한 기술이자 태도다. 그리고 기술은 언제나 진화한다.

AI가 그랬듯, 재테크의 세계에도 ETF, TDF, ISA 같은 새로운 방식과 제도가 계속 등장한다. 이 모든 변화는 더 나은 내일을 만들기 위한 도구다.

하지만 그 기회는 늘 먼저 관심을 갖는 사람에게 열린다. 기술을 잘 아는 것보다 중요한 건, 알아보려는 마음과 시도해 보는 용기다.
AI가 처음에는 낯설지만 익숙해지면 내 삶의 일부가 되듯, 재테크 역시 처음엔 어렵게 느껴져도 차근차근 익히고, 나만의 방식으로 다가가다 보면, 그 기술은 결국 나를 위한 도구가 된다.

미래는 완벽하게 예측할 수 없다.
하지만 준비하는 태도는 지금 이 순간 만들 수 있다.

익숙하지 않다는 이유로 외면하지 말고, 처음이라서 더 천천히, 내 삶에 맞게 받아들이는 것.
그 도구를 어떻게 활용할지는 지금 우리의 '선택'에 달려 있다.

그리고 **그 선택이, 곧 기회가 된다.**

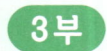

기준이 되는 마음
↳ 선택의 기준을 세우다

우리는 매일 선택을 하며 살아간다. 하지만 그 선택의 바탕에는 반드시 '기준'이라는 뿌리가 있어야 한다. 기준이 없다면 우리는 흔들리고, 기준이 있다면 조금 늦더라도 단단하게 앞으로 나아갈 수 있다.

「3부」는 그런 선택의 기준을 세우는 마음에 대한 이야기다.

아이의 사춘기를 걱정하는 질문에서 시작해, 우리는 위험조차 준비할 수 있다는 것을 배우고, 진짜 부자들은 수익보다 철학을 먼저 세운다는 사실을 알게 된다.

또한, 타인과의 관계 속에서, 내 기준이 항상 보편적일 수 없다는 사실을 깨닫고, 배려와 조율을 통해 '함께'라는 이름을 지켜 가는 성숙함에 대해 돌아보게 된다.

「3부」에는 다음과 같은 이야기들이 담겨 있다.

- 부자들의 철학에서 배우는 단단함
- 투자의 일반화 오류를 벗어나는 기준
- 감정과 표현을 통한 자기 이해
- 꾸준함과 성실함으로 완성되는 자산 관리
- 무엇을 포기했는지를 아는 사람의 합리적인 선택
- 비교를 멈추고 나만의 만족 기준을 찾는 과정
- 나와 다른 기준을 가진 사람들과 조화롭게 살아가는 태도

「3부」는 삶과 돈, 감정과 판단이 만나는 지점에서 "나는 어떤 기준으로 살아가고 싶은가?"라는 질문을 던지게 한다.

기준은 남이 정해 주는 것이 아니라, 삶을 살아온 나의 방식 안에서 조금씩 다듬어지는 것이다.

「3부」의 글들을 통해 자신만의 철학을 바탕으로 한 선택이 삶과 재무의 균형을 만들어 간다는 것을 자연스럽게 받아들이게 된다.

나의 마음 정리

지금 기억하고 싶은 문장이나 떠오른 생각,
나만의 실행 다짐을 자유롭게 적어보세요.

14 준비된 사춘기

아이가 초등학생 때 물었다.
"내가 사춘기가 되어서 엄마, 아빠한테 짜증 부리면 어떡하지?"
아직 사춘기가 오지도 않았는데, 아이의 표정엔 걱정이 묻어 있었다. 어디선가 사춘기에 대한 이야기를 들은 모양이다.

나는 웃으며 답해 주었다.
"엄마, 아빠는 네 사춘기를 받아 줄 준비가 되어 있단다."
그리고 덧붙였다.
"무엇보다, 네가 이렇게 질문하는 걸 보면 걱정하지 않아도 될 것 같아. 너는 이미 너의 사춘기를 준비하고 있다는 뜻이니까."

아이는 고개를 끄덕이며, 조금은 안심한 표정을 지었다.
우리는 종종 다가오지 않은 일에 대한 불안을 품는다. 하지만 그 불안조차 성장의 일부라는 걸 잊지 말아야 한다.

내 아이가 '스스로를 걱정하는 마음'
'나를 미리 배려하는 마음'
아직 다가오지 않은 시간을 천천히 '준비하려는 마음'
그 모든 것이 이미 사춘기의 소란을 부드럽게 품어 줄 준비가 되어 있다는 신호였다.

지금 그 아이는 슬기롭게 사춘기를 경험하는 중이다.
아이의 사춘기를 걱정하는 것이 아니라, 아이의 성장을 믿어 주는 것이 부모가 해야 할 진짜 준비라는 걸, 나는 그날 배웠다.

⚭ 연결된 생각
준비된 위험

우리는 종종 위험을 피해야 할 것이라 여긴다.
그래서 불확실한 시기를 두렵고 불편한 마음으로 바라본다. 하지만 어떤 위험은 그 자체가 성장의 조건이 된다.

사춘기가 그러하듯, 투자도, 삶도 안정만으로는 길을 넓힐 수 없다. 중요한 것은 그 위험이 올 것을 예상하고, 스스로를 준비하는 일이다.

누군가는 아무런 준비 없이 시장에 뛰어들고, 누군가는 자신의 기준과 원칙을 세운 후 시작한다.
두 사람 모두 같은 파도를 만날 수 있지만, 그 경험은 전혀 다르게 흘러간다.

사춘기처럼 요동치는 시간도, 금융 시장처럼 오르내리는 흐름도, 그 자체가 문제가 아니다. 문제는 우리가 얼마나 준비되었는가이다.

준비된 위험은 우리를 성장시키고, 준비되지 않은 위험은 우리를 흔들고 멈추게 한다.

결국 위험은 피하는 것이 아니라, 이해하고 대비하는 것이다. 그럴 때 우리는 불안이 아니라, 성장으로 나아갈 수 있다.

보험도 같은 맥락에 있다.
성장에 방해가 될 수 있는 위험에 대비함으로써, 우리는 더 안전하게, 더 멀리 성장할 수 있다. 보험은 두려움을 막기 위한 장치가 아니라, 성장을 지속하기 위한 든든한 발판이다.

15
부자들의 공통점은 '생각'에 있다

부자들은 처음부터 부자였을까?

물려받은 자산이 아닌, 스스로 부를 축적한 사람들의 이야기를 들어보면, 한 가지 공통점이 있다.

바로, '생각의 방식'이 다르다는 것이다.

그들은 빠른 수익보다 긴 시간의 흐름을 바라보고, 요행보다 습관을 선택하며, 남들보다 '많이'가 아니라 '오래, 꾸준히, 그리고 깊이'를 택한다.

👆 워런 버핏

11살에 첫 주식을 샀다.

처음엔 작은 이익에 팔아 버렸지만, 그 주식은 곧 5배 이상 상승했다.

그때 그는 배웠다.

→ "단기 수익보다, 장기 투자."

👆 존 보글

"지수에 투자하라."

그는 뱅가드를 세우고, 인덱스 펀드의 창시자가 되었다.

낮은 수수료와 꾸준한 수익의 힘을 믿었다.

→ "투자는 선택이 아니라 구조다."

👆 제프 베이조스

단기 수익보다 고객 가치를 최우선에 두었다.

결과적으로, 시장 지배력이 따라왔다.

→ "좋은 것을 오래 하면, 결국 이익은 따라온다."

👆 빌 게이츠

매년 50권이 넘는 책을 읽는다.

배우고, 정리하고, 생각하며 기회를 읽는 눈을 키운다.

→ "성공보다 배움을 반복하는 사람, 그가 결국 살아남는다."

👆 오프라 윈프리

절약을 습관처럼 지녔다.

많이 벌어도 절제하고, 계획하며 스스로의 재무 자유를 지켰다.

→ "수입이 많아질수록, 지출은 더 분별력 있게."

이들의 이야기를 들으면, 이들이 그저 '운 좋은 사람들'이 아니라는 걸 알 수 있다. 반복 가능한 철학을 실천한 그들은, 생각을 방식으로 바꾸고, 방식을 습관으로 만든 사람들이다.

자신만의 철학

부자들의 공통점은 같은 방법을 따랐다는 것이 아니라, 자신만의 철학으로 부를 만들어 냈다는 점이다.

누군가는 절제된 소비로, 누군가는 장기 투자의 구조로, 또 다른 누군가는 지식을 쌓고 기회를 읽는 습관으로 자신만의 방식으로 돈을 다루었다.

그 철학은 단순한 결심이나 감정이 아니라, 현실적인 경제 지식 위에서 자라난 생각의 뿌리였다.

재무 관리란, 계산기를 두드리는 일이 아니라, 기준을 세우는 일이다. 그리고, 그 기준은 책이나 전문가에게서 얻는 것이 아니라, 내 삶의 방식에서 출발해야 한다.

"나는 어떤 방식으로 살아가고 싶은가?"
그 질문에 대한 대답이, 곧 재무 관리 철학의 시작이 된다.

16
여행 후에 모임이
깨지는 이유

친구 여섯 명이 함께 태국으로 여행을 갔다.

숙소는 2인 1실로 세 개의 방을 나눠 썼고, 룸 배정에는 일종의 기준이 있었다.

코골이가 심한 둘은 1번 룸, 술을 좋아하는 둘은 2번 룸, 조용한 성향의 우리 둘은 3번 룸.

그리고 아침, 나는 룸메이트와 함께 조식을 먹으러 가려 했다. 그런데 친구가 보이지 않았다. 산책하러 나간다더니, 시간이 꽤 지나도 돌아오지 않았다.

잠시 후, 다른 방 친구가 식사를 마치고 돌아오며 말했다.

"그 친구, 식당에서 먼저 식사하고 있던데?"

당황스러웠다.

'왜 말도 없이 혼자 먹지?'

나로선 룸메이트와 함께 식사하는 게 당연한 배려의 기본이라고 생각했다.

조심스럽게 물었다.

"왜 말 안 했어?"

그 친구는 그냥, 산책 끝나고 바로 식사했다고 했다. 별다른 이유도, 거리낌도 없었다.

그 순간, 무시당한 건가 싶은 마음이 스쳤다. 여행 후 모임이 어색해지는 이유, 이런 작고 엇갈린 감정에서 비롯되는지도 모른다.

하지만 나는 그 친구의 성향을 알고 있었고, 오래된 신뢰가 감정이 앞서지 않도록 나를 붙잡아 주었다.

그날 밤, 나는 조심스레 말했다.

"내일은 꼭 말해 줬으면 해."

친구는 알겠다고 했지만, 다음 날도 같은 일이 반복되었다. 살짝 화가 났지만, 나는 다그치기보단 '룸메이트 에티켓'이라는 개념으로 설명해 줬다. 그제야 친구는 고개를 끄덕였고, 이후엔 조율이 되었다.

마지막 날, 귀국길 공항에서 비행기는 2시간 넘게 지연된 상태였고, 우리 모두는 점점 지쳐 가고 있었다.

드디어 탑승 안내 방송이 들려오자, 우리는 짐을 챙겨 서둘러 탑승구로 향했다.

그런데 그 순간, 1번 룸의 멤버 한 명이 보이지 않았다. 화장실도 가 보고, 대기실도 둘러봤지만, 어디에도 그 친구는 없었다.

우리는 그 친구를 공항에 두고 갈까 봐, 끝까지 비행기에 오르지 못한 채 항공사 직원에게 설명했다.

그런데 뜻밖의 답이 돌아왔다.
"여기 계신 다섯 분 외에, 미탑승자는 없습니다."

그제야 알게 되었다.
'아, 이 친구가 말도 없이 혼자 탔구나.'

그때 느꼈다.
나와 다른 방식으로 움직이는 사람들이 생각보다 훨씬 흔하다는 것.

사람마다 기준이 다르다.
각자의 생각대로 살아가는 건 틀린 일이 아니다. 다만 그 사이에 작은 배려가 더해진다면, 우리는 '함께'라는 이름으로 더 조화로운 관계를 만들 수 있다.

나는 다시 생각했다.

모두가 다른 기준과 시선으로 움직이고 있다.
그 자체가 문제가 아니다.
문제는, 내 기준이 보편적일 거라고 믿는 태도다.

여행을 마치고 돌아와 어떤 모임은 더 가까워지고, 어떤 모임은 어색해진다.

그 차이는 결국, 서로의 관점을 얼마나 이해하려 했는가에 달려 있다.

관계는 배려로 구성된다.
내가 중심이 아니라, 상대의 시선에서 나를 바라보는 노력이 필요하다.

나는 주체이지만, 관계 안에서는 객체로서의 책임도 있다. 이번 여행에서 나는 그걸 다시 배웠다.

 **연결된 생각**
시장의 관점

투자도 관계와 비슷하다.
내가 옳다고 생각해도, 시장이 그 생각을 받아들일 준비가 되어 있지 않다면, 그 선택은 기다림이 아니라 무모함이 될 수 있다.

나는 로봇 산업의 미래를 믿고, 친환경 에너지의 방향성에 공감할 수 있다.

그 생각은 맞을 수도 있다. 하지만 시장의 관점에서는 그 시점이 '지금'이 아닐 수도 있다.

맞는 방향의 투자여도 시장 흐름과 타이밍을 고려하지 않으면, 그 판단은 틀린 결과로 이어질 수 있다.

시장과 함께 걷는다는 것.
그건 내 관점을 접고, 시장이라는 타인의 시선을 배우는 일이다.

예상보다 느릴 수도 있고, 전혀 다른 방식으로 반응할 수도 있다. 그래서 더 중요하다.
"지금 시장은 무엇을 보고 있는가?"

관점이 맞아도, 시기와 속도를 잘못 읽으면 기회는 지나간다. 투자는 방향만이 아니라, 시장과의 타이밍을 읽는 감각에서 완성된다.

결과적으로 우리는 개인으로서 주체적인 판단을 내리지만, 동시에 시장이라는 집단 지성의 흐름 안에 놓인 객체이기도 하다.

내 기준뿐만 아니라, 시장이라는 타인의 기준으로도 나를 바라볼 수 있어야 우리는 더 빠르게 성과에 다가설 수 있다.

17 투자의 일반화 오류

"투자에는 정답이 없다."

많은 사람이 이렇게 말한다. 그런데 이상하게도, 사람들은 '정답처럼 보이는 기준'에 자신을 맞추려 한다.

"수익률은 연 10% 이상이어야 해."
"손절은 5% 넘기면 안 돼."
"주식은 위험하고, 채권은 안전하지."

그 말들에 근거가 없는 건 아니다.
하지만 모든 사람에게 동일하게 적용될 수는 없다. 사람마다 인생이 다르듯, 투자도 다르다.

예를 들어, 누군가에겐 3천만 원을 코인에 투자하는 일이 손실을 감수할 수 있는 단순한 경험일 수 있다. 하지만 또 다른 누군가에겐 그 3

천만 원이 전 재산을 건 인생의 도전일 수도 있다.

같은 종목, 같은 수익률, 같은 시기여도 그 투자자의 상황과 비중에 따라 의미는 전혀 달라진다.

복권도 마찬가지다.

한 사람은 한 달에 5천 원 정도를 재미로 산다. 다른 누군가는 월급의 절반을 복권에 쏟아붓는다.
똑같은 행동이지만, 한 사람에겐 소소한 여유, 다른 사람에겐 절박한 기대가 담겨 있다.

- 투자의 성격은 '비중'이 결정한다.

손절 기준도 흔히 일반화된다.
단기 매매자에겐 2~5% 하락 시 손절하는 것이 합리적일 수 있지만, 장기 투자자에게 그 기준은 오히려 조급함이 될 수 있다.

문제는 기준 자체가 아니라, 누구에게, 그리고 어떤 자산에 적용하느냐에 있다.

 연결된 생각
내가 틀릴 수도 있다

같은 투자도 누군가에겐 소액의 연습, 또 다른 누군가에겐 전 재산을 건 승부일 수 있다.

누구는 여유로 사고, 누구는 절박해서 산다. 표면적으로는 같은 행동이어도, 그 안에 담긴 무게는 전혀 다르다.

그래서 투자는 숫자보다 '상황'을 먼저 이해해야 한다.
누군가의 수익률,
누군가의 손절 기준,
누군가의 자산 배분이 지금의 나에게 꼭 맞을 거라는 보장은 없다. 타인의 기준이 내게 부담이 되는 순간, 그건 '기준'이 아니라 '착각'이다.

투자의 기준은 세상이 정해 주는 것이 아니다.
지금 나의 재무 상황, 내가 감당할 수 있는 위험, 돈을 쓰는 방식까지 포함한 '나만의 기준'에서 출발해야 한다.

그리고 그 기준은 단단하면서도 유연해야 한다.
투자를 오래 해 온 사람일수록 '자신이 틀릴 수도 있다'는 가능성을 항상 염두에 둔다.

확신이 클수록 정보를 자기 입맛에 맞게 해석하기 쉽고, 편향된 시선은 시장의 흐름을 왜곡시킨다.

"이 종목은 반드시 오른다."
"지금 아니면 기회를 놓친다."

이런 말들 속엔 조급함과 단정이 스며 있다.

하지만 시장은 끊임없이 변한다. 중요한 건, 내 생각이 틀릴 수도 있다는 여지를 두는 것이다.

- 자신의 가설을 검증하는 태도
- 정보를 새롭게 갱신하는 습관
- 포트폴리오를 점검하고 수정하는 유연함

이런 태도가 결국 선택의 기준을 세우고, 스스로 점검하며 다듬어 가는 과정이 된다.

'내가 맞다.'라는 태도보다
'내가 틀릴 수도 있다.'라는 여유 있는 마음이 더 오래가는 기준을 만들고, 균형 있는 선택을 가능하게 한다.

선택의 기준은 남의 말이나 시장의 흐름이 정해 주는 것이 아니다. 내가 살아온 방식과 감당할 수 있는 리스크, 그리고 끊임없이 돌아보는 자기 성찰 안에서 자라나는 철학이다.

그 철학이 있을 때, 우리는 수많은 선택의 갈림길 앞에서 더 늦더라도, 더 단단하게 나아갈 수 있다.

18 기억을 그리는 마음들

　익산에서 강의를 마치고, 집으로 향하는 기차를 타기 위해 역으로 발걸음을 옮기던 시간이었다.
　조금은 피곤한 몸으로 무심히 걷던 중, 서부 통로 한쪽에 있는 작은 전시장이 눈에 들어왔다.

　'장애인 창작 그림 공모전 수상작 전시회'
　그 순간, 바쁘게 흘러가던 하루의 속도가 잠시 멈춰 섰다.

　그림 앞에 서자 마음이 조용해졌다.
　누구도 설명하지 않았지만, 그 앞에서는 설명이 필요하지 않았다. 조용히 걸음을 멈추고 천천히 그림을 바라보는 그 짧은 여유가 생각보다 깊고 오래 남았다.

작품명 **바닷속, 나의 세상**

"소리가 들리지 않는 바닷속이 내 세상 같아요."
청각 장애를 지닌 작가가 남긴 한 줄의 설명이었다.

그 문장을 읽는 순간, 마음이 멈춰 섰다.
바닷속에서는 누구나 소리를 들을 수 없다.

그곳에서만큼은 자신의 장애가 '평범함'이 되는 세상이었다.
고립이 아니라, 동등함의 공간, 그는 바닷속에서 처음으로 타인과 같은 감각으로 세상을 느낀다.

그림은 '특별함이 평범함이 되는 순간'을
조용하고 깊게 그려 낸 선언이었다.

작품명 **흔적**

작품 설명에는 짧은 문장이 적혀 있었다.
"기억 속에 남아 있는 그녀에 대한 마음."

불규칙한 선과 흐릿한 색이 사랑의 감정과 그리움을 표현하고 있었다. 형체는 분명하지 않았지만, 그 안에는 사라지지 않는 감정의 자취가 담겨 있었다. 그리움은 말보다 오래 남는 감정이다.

작품명 **친구들**

"장애로 인해 불편하고 부담스러울 수 있는 나의 세상 안에 들어와 준 친구들에게."

작가는 짧은 글과 함께 손을 맞잡고 웃는 인물들을 그렸다. 그림 아래엔 따뜻한 한 줄이 있었다.
"내 세상에 들어와 줘서 고마워요."

단순한 선과 색이었지만, 그 마음은 결코 가볍지 않았다. 진심은 가장 단순한 언어로 전해질 때, 가장 깊게 다가온다.

연결된 생각
나만의 방식으로

이 조용한 전시를 보며 다시금 느꼈다.
사람은 누구나 자신을 표현하고 싶어 한다. 그리고 표현은 존재를 증명하는 가장 인간다운 방식이다.

말로 표현하지 못한 감정이 그림이라는 도구를 통해 누군가의 마음을 두드린다.
'장애'라는 단어는 종종 이해보다 거리를 만든다. 하지만 그림 앞에서는 그 경계가 조용히 무너진다.

그림이 말해 주는 것은 단 하나.
"이것이 나의 방식입니다."

형식도, 정답도 없지만, 진심이 담긴 표현은 그 자체로 충분하다.

재무 관리도 다르지 않다.
돈을 다루는 방식은 각자의 삶, 감정, 성향에 따라 달라진다.

누군가는 꼼꼼한 계획표로, 누군가는 감정의 균형을 통해 자신만의 재무 밸런스를 만들어 간다.

중요한 건 정답이 아니다.
나에게 맞는 방식을 찾아가는 일이다.

스스로를 이해하고, 지금 내 삶의 상황을 받아들이는 태도이다. 그 위에 쌓아 올리는 재무 계획이야말로 가장 단단하고 오래간다.

그날, 말 없는 그림들 앞에서 나는 조용히 마음을 배웠다.

그림 속 표현들이 전해 준 감정처럼, 재무 관리 역시 나만의 방식으로 진심을 담아 갈 수 있어야 한다.

19
재테크는 욕심이 아니라, 성실함이다

"어떻게 재테크를 하세요?"

이 질문에 "저는 욕심 없어요."라고 대답하는 사람이 있다. 하지만 재테크는 욕심의 문제가 아니다. 그보다 훨씬 더 현실적이고 구체적인 태도다.

재테크는 화폐 가치 하락으로부터 내 삶을 지키려는 성실함이다.

물가는 해마다 오른다.

시간이 흐를수록 같은 돈으로 살 수 있는 것들은 줄어든다. 가만히 두면 손해가 확정되는 시대, 아무것도 하지 않는 것이 오히려 더 위험한 선택이 될 수 있다.

성실한 재테크는 종일 종목을 고르고 시장에 집착하는 일이 아니다. 그보다는 경제의 원리를 이해하고, 돈이 일할 수 있는 구조를 만드는 일이다.

주식, 채권, 부동산, 연금, ETF, TDF 같은 도구들은 단순히 돈을 불리는 수단이 아니라, '돈의 가치를 지키는 수단'이다.

지금의 수입으로 미래를 설계하고, 시간의 힘을 활용하는 것, 그것이 재테크의 본질이다.

경제는 끊임없이 변한다. 그 변화에 무관심한 태도는 자신의 삶을 방치하는 일일지도 모른다.

내 삶을 지키고, 미래를 준비하는 가장 현실적인 성실함, 그것이 바로 재테크다.

∞ 연결된 생각
꾸준함이 만든다

재테크는 빠른 수익보다 일관된 태도의 결과다.
매달 조금씩 저축하고, 지출을 기록하며, 투자를 배워 가는 과정이다. 작아 보이지만, 이 행동들이 시간을 만나면 복리가 되고, 그 복리는 습관이 만든 자산이 된다.

- 한 번의 큰 수익보다, 실수하지 않는 구조를 만드는 것이 중요하다.

뉴스와 유행도 참고하되, 내 계획 안에서 유연하게 받아들이는 태도, 흔들리는 정보 속에서도 방향을 잃지 않는 꾸준함이 필요하다. 그 기준을 지키며 성실하게 반복하는 사람이, 결국 가장 멀리 간다.

20 포기한 것의 가치

차를 구입하기로 결정했다.

강의 활동이 많아 장거리 운전이 잦고, 연료 효율과 안전성도 중요했다. 겉모습보다는 실제로 오래 탈 수 있고, 내 일상과 업무에 잘 맞는 차가 필요했다.

선택이란, 무언가를 얻는 동시에 무언가를 포기하는 일이다. 누군가는 새 차의 쾌적함을 선택하겠지만, 나는 실용성과 효율성을 우선순위로 삼았다.

우리는 결정을 내릴 때 눈앞의 이익만을 생각하기 쉽다. 하지만 진짜 중요한 건 '무엇을 포기하게 되는가'를 함께 생각하는 것이다.

경제에서는 이걸 기회비용이라고 부른다.

자동차를 사느냐, 그 돈을 저축하느냐.
편리함을 누리느냐, 안정감을 쌓느냐.
이 질문의 답은 '무엇을 가질 것인가'만으로는 알 수 없다. 포기하는 쪽의 가치까지 고려해야 비로소 합리적인 선택이 된다.

재무 관리에서의 합리적인 선택은 가장 큰 이익을 고르는 일이 아니다. 자신의 목표, 여건, 우선순위에 따라 '지금 나에게 맞는 최선'을 판단하는 과정이다.

그 판단을 잘 하기 위해서는 기회비용을 이해해야 한다. 무엇을 선택했는지보다, 무엇을 놓쳤는지를 아는 사람이 더 현명한 소비와 투자를 할 수 있다.

주식이냐, 채권이냐.
자동차냐, 저축이냐.
지금의 편의냐, 미래의 준비냐.

이 질문들 사이에 정답은 따로 정해져 있지 않다.
정답은 단 하나, "나에게 맞는 선택인가?"

나에게 맞는 합리적 선택은 내가 기준이 되어야 한다.
숫자만으로 계산되는 문제가 아니라, 내 삶의 상황과 우선순위를 내가 충분히 이해하고 받아들이는 데서 시작된다.

🔗 **연결된 생각**
나에게 맞는 선택

'기회비용'과 '합리적 선택'은 경제 용어라고 생각하면 어렵게 느껴질 수 있다. 하지만 이 개념들은 우리가 매일 반복하는 선택의 순간마다 유용한 기준이 되어 준다.

무엇을 얻을 때, 그 대신 포기하는 것은 무엇인지.
그리고 그 선택이 지금의 나에게 진짜로 맞는 결정인지.
이런 질문은 우리 삶을 조금 더 단단하고, 후회 없게 만들어 준다.

그래서 나는 이런 개념을 이야기할 때도 되도록 어려운 말보다, 누구나 자신의 일처럼 이해할 수 있는 언어를 쓰고 싶다.

- 쉬운 경제 – 누구나 이해할 수 있는 언어로
- 현실 경제 – 실제 생활 속의 맥락에서
- 실용 경제 – 바로 행동으로 이어질 수 있도록

사회 초년생이든, 은퇴를 준비하는 중년이든 우리는 누구나 "지금 이 선택이 최선일까?"를 고민한다.

그 질문 앞에서 기회비용을 보는 눈을 가진 사람은 보다 단단하고, 덜 흔들리는 삶을 살아간다.

당장의 이익에 흔들리지 않고, 장기적인 관점에서 '나에게 맞는 선택'을 찾는 것.
그것이 진짜 합리성이다.

자동차를 살 때도,
연금을 준비할 때도,
투자를 결정할 때도,
항상 얻는 것과 포기하는 것을 함께 바라보는 시선이 필요하다.

수익률만을 따지지 않고, 내 삶의 방향과 목표에 맞는지를 먼저 묻는 태도.
그것이 결국 삶을 지혜롭게 가꾸는 가장 현실적인 선택이다.

21 얼마면 만족할까?

    법륜 스님의 즉문즉설은 다양한 삶의 고민을 들을 수 있는 흥미로운 프로그램이다.
    어느 날 한 참여자가 물었다.
    "나만 불행한 것 같아요. 특히 돈 많은 사람들이 부러워요."

    스님은 질문자보다 더 어려운 상황에 있는 사람들이 오히려 그를 부러워할 수 있다고 답했다. 그리고 덧붙였다.
    "우리보다 경제적 여건이 낮은 나라 사람들은 또 우리나라를 부러워합니다."

    그 이야기를 들으며 생각했다.
    만족은 절대적인 기준이 아니라, 언제나 상대적인 감정이라는 것을.

    돌아보면 돈을 모으는 일은 늘 다음을 향하게 했다.

'조금만 더 모으면 괜찮겠지.' 싶다가도 막상 그 목표에 도달하면 또 다른 부족함이 눈에 들어온다. 그렇게 '다음'을 좇으며 지금의 삶을 미루는 일이 익숙해져 있었다.

"재산이 얼마쯤 있으면 만족할까?"
사람마다 다르겠지만, 대부분은 이렇게 말할 것이다.
"지금보다 조금 더 많았으면 좋겠어요."

문제는 바로 그 '조금 더'가, 지금을 불만족스럽게 만든다는 점이다.

우리는 지금 상대적 빈곤의 시대를 살아가고 있다.
기본적인 필요는 충족되었지만, 누군가의 휴가 사진, 집, 자동차, 투자 수익이 끊임없이 올라오는 소셜 미디어를 보다 보면, 어느새 내 삶이 작고 초라하게 느껴진다.

비교는 때로 성장을 자극하지만, 끊임없는 결핍감을 만들어 내기도 한다. 마음속 빈칸을 남의 숫자로 채우는 동안, 정작 '나만의 기준'은 점점 흐려지기 쉽다.

진짜 현명한 투자자는 다른 사람보다 잘하려 애쓰지 않는다. 대신 지금의 자신보다 나은 미래를 위해 투자한다.

중요한 건 재산의 액수가 아니라, 그 안에 담긴 나만의 계획과 의도다. 돈이 아니라, 그 돈을 쓰고 싶은 이유와 방향이 나를 지탱하는 힘이 된다.

🔗 연결된 생각
비교의 관점

다른 사람과의 비교 속에서 내 재산과 상황을 평가하는 순간, 마음속에 불안이 자리를 잡는다.

경제적 자유는 숫자의 크기로 결정되지 않는다.
진짜 자유는 내가 선택하고 싶은 삶의 크기를 아는 데서 시작된다.

같은 세상을 살아도, 모두가 같은 방식으로 살아갈 필요는 없다.
함께 살아간다는 것은 같은 기준을 따르는 것이 아니라, 각자의 방식으로 조화를 이루는 것이다.

비교는 마음을 흔들고, 내가 세운 계획을 흐리게 만든다.
남과 비교하지 않는 자존감은 재무 관리에서도 꼭 필요하다.

돈의 많고 적음보다 중요한 것은 그 돈을 어떻게 바라보는가,
그리고 어떤 방향으로 사용하고 싶은가이다.

만족은 멀리 있는 미래가 아니라, 지금 이 순간에도 내가 나답게 살고 있다는 감각에서 시작된다.

남과의 비교를 멈추고, 현재의 나와 미래의 나를 비교하는 관점이 필요하다.
어제보다 오늘, 오늘보다 내일 더 나아지고 싶은 마음,
그 마음이 흔들리지 않는 재무 관리와 삶의 기준을 세워 준다.

4부
함께 살아가는 시선
↳ 삶의 균형

삶은 나 혼자 만들어 가는 것이 아니다.
　내가 세운 기준, 내가 품은 계획도, 결국 누군가와 함께할 때 그 의미는 더 깊어지고 넓어진다.

　「4부」는 타인과 함께 살아가는 현실 속에서, 흔들리지 않는 마음의 균형을 지켜 가는 시선을 담고 있다.

　우리는 종종 너무 많은 정보를 듣고, 너무 많은 비교 속에서 '나의 기준'이 흐려지는 경험을 한다.
　하지만, 「4부」의 글들은 이렇게 말한다.
　"내가 지킬 수 있는 기준은, 타인과 조화를 이룰 때 더 단단해진다."

　「4부」에는 다음과 같은 이야기들이 담겨 있다.

- 고정관념이라는 틀을 넘는 시선
- 기다림을 전략으로 바꾸는 태도
- 아이의 용돈을 통해 배운 시간의 힘

- 단순함이 오히려 강력한 전략이 되는 직장인의 재테크
- 비교와 불안 속에서도 '지금의 나'를 믿는 감정 조율
- 불안에 흔들리지 않도록 평안을 준비하는 습관까지

이 글들에는 '내 삶의 안정'과 '타인의 시선' 사이에서 균형을 잃지 않는 삶의 자세가 녹아 있다.

삶은 언제나 완벽하게 조율되지 않는다.
하지만 조율되지 않는 날들 속에서도 다시 중심을 회복할 힘은 "어떻게 함께 살아갈 것인가?"를 묻는 마음에서 비롯된다.

「4부」는 그 질문에 조용히 대답한다.
함께 살아가는 시선이란, 내 삶의 중심을 지키되, 타인을 이해하고 받아들이는 여유다.

이제 우리는 안다.
삶의 균형은 고요하게 유지되는 것이 아니라, 흔들릴 때마다 스스로를 다시 조정할 줄 아는 내면의 유연함에서 비롯된다.

· 나의 마음 정리 ·

지금 기억하고 싶은 문장이나 떠오른 생각,
나만의 실행 다짐을 자유롭게 적어보세요.

22 틀을 넘는 마음

이승윤이라는 가수가 있다.

그가 오디션 프로그램에서 했던 한마디가 오랫동안 내 마음에 남아 있다.

"'틀을 깨는 가수'라는 틀에 갇히고 싶지 않아요."

그 말은 나에게 전달되어 내 안에 있던 틀을 흔들어 놓았다.

그는 자신을 '경계선상에 있는 사람'이라 표현했다.

중심 안으로는 들어가지 못한 주변인, 그래서 무대 위에서 쏟아지는 관심과 칭찬이 어색하다고 했다.

"아직 받아들일 준비가 되지 않았어요."

그 이야기를 듣던 심사위원 김이나는 다정하게 말했다.

"사람들의 애정과 칭찬을 받아 주고, 충분히 사랑받을 수 있었으면 좋겠어요."

그는 잠시 머뭇거리다 이렇게 답했다.
"저는 제 깜냥을 잘 알고 있어서 욕심내지 않으려고 했어요. … 하지만 이제는, 제 그릇이 조금 더 클 수도 있겠다는 생각이 들어요."

그 말이 유난히 마음에 오래 남았다.
나 역시 내 마음의 크기를 미리 단정 짓고, 그 안에서만 머물러 있었던 건 아니었을까.

연결된 생각
마음이 되는 생각

틀을 깬다는 건 사실 거창한 일이 아니다.
마음속에 미리 그려 둔 경계선을 조금씩 지우고, 더 넓은 시선으로 자신을 다시 바라보는 일이다.

취약 계층을 대상으로 재무 상담을 하던 어느 날, 한 참여자가 조심스럽게 말했다.
"저는 재무 관리, 재테크와는 거리가 멀어요. 그럴 여유가 없어요. 소득도 불확실하고… 미래를 계획하는 건 저에겐 무리 같아요."

그 이야기를 들으며 깨달았다.
재무 관리나 재테크는 거창한 목표가 아니다.
그것은 '내 삶을 내가 만들어 갈 수 있다.'라는 마음으로, 단 한 걸음을 내딛는 일을 응원하는 것이다.

대단한 도전이 아니다.
다만, 너무 두려워 시작조차 망설이게 되는 마음, 그 마음을 다정하게 안아주는 생각, 그것이 바로 '마음이 되는 생각'이다.

'나는 못 할 거야.'라는 틀을 넘어서
'나도 할 수 있을지 몰라.'라는 마음으로 향하는 것.

누군가에게 이 글이, 그 작고 단단한 틀을 넘어설 작은 용기가 되기를 바란다.

23 기다릴 줄 아는 마음

　결혼할 때 구입한 식탁이 벌써 16년째 우리 집에 머물러 있다. 시간이 흐르면서 문득 이런 생각이 들었다.
　'이제는 새 식탁으로 바꿀 때가 된 걸까?'

　가끔은 세련된 디자인의 식탁이 지금보다 더 나은 삶을 만들어 줄 것 같다는 기분이 든다.
　하지만 곰곰이 들여다보면, 지금의 식탁이 제 기능을 잃은 것도 아니고, 그걸 바꾼다고 해서 삶의 본질이 바뀌는 것도 아니다.

　새로운 것은 언제나 더 매력적으로 보인다.
　눈앞의 만족은 크게 보이지만, 미래를 위한 기다림은 멀고 흐릿하게만 느껴진다.

　갖고 싶은 것이 있을 때 그것을 '지금' 사지 않고 '나중'을 선택하는 일, 단순해 보여도 실제로는 쉽지 않은 결정이다.

하지만 재무 관리에서는 이 작은 선택이 5년 후, 10년 후의 인생을 완전히 바꿀 수 있다.

명품 가방을 사고 싶은 충동, 새 스마트폰으로 바꾸고 싶은 욕망, 살짝 오른 주식을 지금 팔고 싶은 유혹, 이 모든 순간은 '즉각적인 만족'과 '지연된 보상' 사이의 싸움이다.

그 싸움에서 잠시 멈출 수 있는 사람은 복리의 시간, 자산의 성장, 삶의 안정이라는 결과를 얻게 된다.

투자도 마찬가지다.
조금 올랐다고 바로 팔기보다 긴 호흡으로 지켜보는 사람은 수익이 수익을 낳는 복리의 구조를 경험하게 된다.

만족을 늦춘다는 건 기회를 미루는 것이 아니라, 기회를 키우는 일이다.

🔗 연결된 생각
준비된 기다림

투자 조언 중에는 "팔아야 내 돈이다."라는 말이 있다. 언제 하락할지 모르니 수익을 실현하라는 뜻이다.

하지만 이 말은 누구에게나 통용되는 조언은 아니다.
10년, 20년을 바라보며 KOSPI200이나 S&P500 같은 지수에 투자한 사람이라면, 오히려 해가 될 수 있다.

단기 매매를 하는 전문 투자자에겐 유효할지 몰라도, 장기 성장을 목표로 하는 투자자에겐 인내를 흔드는 위험한 유혹이 된다.

장기적인 자산 배분은 시장의 오르내림을 맞히는 일이 아니다.
경제의 구조적 성장에 믿음을 갖고 함께 가는 전략이다.

그 기다림은 막연하거나 무작정이 아니다.
목표를 세우고, 포트폴리오를 설계하며, 계획을 신뢰하는 것.
이것이 준비된 기다림이다.

재무 관리에서 기다린다는 것은 단순한 미루기가 아니라, 미래를 향한 설계다. 지금의 선택이 내일의 기회를 만들 수 있다는 믿음에서 비롯된 태도다.

즉각적인 만족이 아닌, 지속 가능한 안정.
그 기다림은 지혜이고, 그 인내는 자산이 된다.

24
선택은 미래가 된다

IT 회사에서 직장 생활을 시작했다.

최신 기술을 다루며 실무를 익혔고, 이후에는 솔루션을 개발하고 제안하는 팀에서 일했다. 배우는 것도 많았고, 경험의 폭도 넓었다. 하지만 시간이 지날수록 이런 생각이 스며들었다.

"지금의 경제 활동만으로 내가 원하는 삶을 완성할 수 있을까?"

모든 가능성을 좇는 대신, 내가 잘할 수 있는 일 중 지속 가능한 길을 찾아야 했다. 그렇게 선택한 길이 바로 재무 전문가로서의 삶이었다. 나와 다른 이들의 미래를 함께 준비하는 일.

누군가는 말한다.

"인생은 B(Birth)와 D(Death) 사이, C(Choice)로 이루어진다."

우리의 삶은 수많은 선택의 갈림길 위에 놓여 있다.
어떤 선택은 쉽게 지나가지만, 어떤 선택은 오랫동안 마음에 남는다.

돌아보면 어떤 결정은 나를 성장시켰고, 어떤 결정은 나를 아프게 했다. 그럼에도 어느 하나, 쓸모없는 선택은 없었다.
그 모든 순간이 지금의 나를 만든 발자국이었다.

삶은 정답을 찾아가는 여정이 아니라, 선택의 의미를 만들어 가는 과정이다.

고민은 선택을 어렵게 하지만, 동시에 나를 들여다보게 만드는 시간이기도 하다.

무엇을 선택했느냐 보다, 어떤 마음으로 선택했느냐가 더 중요할지도 모른다.

모든 선택은 지금의 나와 내가 원하는 미래를 연결하는 조용한 다리가 된다.
"이 길이 맞을까?"
"이 결정이 나중에 어떤 결과를 가져올까?"
그 수많은 질문 속에서 우리는 매일 선택을 하며 살아간다.

그리고 그 선택들이 조용히, 그러나 분명하게 우리의 미래를 만들어 간다.

 **연결된 생각**

아이의 용돈

아이에게 들어온 적은 용돈을 두고 고민하다, 아이가 두 살이던 해에 아이 이름으로 예금 통장을 만들었다. 그때부터 질문이 이어졌다.

"이 돈을 언제 쓰게 될까?"
"그때도 지금의 가치가 유지될까?"
"어떤 자산으로 관리해야 좋을까?"

나는 시간을 선택했고, 방향을 정했다.
지금은 쓰지 않기. 20년 후를 보기. 펀드에 투자하기. 성장 가능성이 있는 나라에 맡기기.

그렇게 8년이 흘렀고, 계좌는 의미 있는 수익을 만들었다. 하지만 팔지 않았다.

나는 수익이 아니라 시간을 선택했기 때문이다.

남은 시간 12년. 단기적 변동성보다 장기적 성장의 가능성을 지켜보기로 했다. 이제는 아이와 함께 계좌를 들여다보며 수익뿐만 아니라, 흐름과 의미를 이야기한다. 아이가 성장하면서, 계좌도 함께 자라고 있다.

경제 공부는 때가 있는 것이 아니라, 생활 속에 방법이 있는 것이다.

25 게으른 투자자의 반전

아침 9시, 막 업무를 시작하려던 순간 한 통의 전화를 받았다. 주식 시장이 급락 중이라는 말과 함께 걱정 가득한 목소리가 들려왔다. 어디에도 물어볼 곳이 없어 내가 생각났다고 했다. 나는 잠시 숨을 고르고 천천히 답했다.

"가끔은 아무것도 하지 않는 게 가장 똑똑한 선택일 때도 있어요."

시장은 늘 요동친다.
그럴 때마다 기준 없이 사고팔기를 반복하는 사람이 있다. 반면, 묵묵히 기다리는 사람도 있다. 시간이 지나고 보면 오히려 가만히 있던 사람이 더 나은 수익을 낸다.

투자에는 '가만히 있는 용기'가 필요하다. 정보는 넘쳐 나고, 세상은 조급함을 부추기지만, 진짜 수익은 기다림 속에서 자라난다.

'게으른 투자자'라는 표현이 무책임하게 들릴 수도 있다.

하지만 그 말은 오히려 치밀하고 계획적인 사람을 뜻한다. 잘 정리된 포트폴리오, 자동 이체로 이어지는 적립식 투자, 흔들리지 않는 장기 목표. 그들은 매일 시세를 확인하지 않는다. 대신 더 중요한 삶의 영역에 집중하고, 시간에게 일을 맡긴다.

투자는 매 순간 판단해야 하는 일처럼 보이지만, 실제로는 '버티는 사람의 게임'일지도 모른다.

한 번의 좋은 선택과 수많은 기다림. 그 조용한 전략이 누군가에겐 게으름처럼 보일 뿐이다. 하지만 그 느린 투자자의 계좌는, 조용히 그리고 꾸준히 성장하고 있다.

- 게으른 투자자란, 계획된 삶을 사는 사람이다.

직장에 다니고, 가족을 챙기고, 나를 지키며 살아가는 사람은 바쁜 일상 속에서도 단순하고 성실한 전략으로 미래를 준비해 가는 사람이다.

🔗 **연결된 생각**
직장인의 재테크는 단조로워야 한다

재테크를 시작한 많은 직장인이 처음부터 너무 많은 정보를 따라가다 일과 삶의 균형을 잃는다.

출근길엔 시황을 듣고, 점심시간엔 매매 타이밍을 고민하며, 퇴근 후엔 실적 발표를 뒤쫓는다. 그러다 보면 정작 자신의 삶은 투자에 종속된다.

직장인의 재테크는 복잡해서는 안 된다.
오히려 단조롭고 반복 가능해야 한다.

ETF처럼 분산된 전략, 자동 이체로 꾸준히 적립되는 루틴, 장기 목표에 충실한 포트폴리오.
이것이 직장인에게 가장 강력한 무기다.

투자에 휘둘리는 삶이 아니라, 삶 안에서 조용히 투자하는 사람. 그런 사람이 결국, 꾸준히 멀리 간다.

26 지금, 충분한 삶

 가장 여유로운 토요일 저녁, 배우자와 함께 집 근처를 산책하고 있었다. 걷던 중 그가 밝은 표정으로 말했다.

 "아침에 산책하면 하늘이 정말 예쁜데, 저녁에도 노을이 좋네."
 나는 자연스럽게 그 시선을 따라 같은 하늘을 바라보았다. 노을빛이 천천히 도시의 건물들을 감싸며 마음까지 물들였다.

 그 순간, 말없이 스며드는 풍경이 행복이라는 단어 없이도 충분히 따뜻했다.

 행복이란 무엇일까.
 거창한 정의보다, 나는 아주 작고 조용한 순간들 속에서 그 빛을 더 자주 발견해 왔다.

창문 사이로 들어온 햇살이 무릎 위를 감쌀 때, 차가운 손으로 컵을 감싸며 첫 모금의 온기를 느낄 때, 뜻밖의 안부 메시지에 잠깐 미소가 번질 때.

그 모든 순간은 "행복하다."라는 말 없이도 마음을 풀어 주는 시간이었다.

우리는 자주 말한다.
"행복해지고 싶다."

그 말 안에는 사실, '아직 행복하지 않다.'라는 전제가 숨겨져 있다. 하지만 행복은 완성해야 할 상태가 아니라, 지금 이 순간을 충분히 느끼는 감각이다. 무언가를 더 가져야만, 어딘가로 떠나야만 느낄 수 있는 것이 아니라는 걸 점점 더 알아 가고 있다.

'없는 것'에 초점을 두면 삶은 늘 부족하게 느껴지고, '이미 있는 것'에 눈을 두면 지금도 제법 괜찮다.

그래서 나는 오늘, 무언가를 이루지 않아도 괜찮은 하루, 조용히 살아 낸 하루를 충분한 삶이라 부르고 싶다.

연결된 생각
흔들리는 기준

얼마 전 직장인을 대상으로 자산 관리 특강을 마친 뒤, 한 수강생이 질문했다.
"강사님 말씀대로 포트폴리오를 꾸리면 안정적인 자산 관리가 가능한데, 왜 사람들은 손실을 보게 되는 걸까요?"

나는 잠시 생각하다 조심스럽게 답했다.
"전략의 실패가 아니라, 기준이 흔들린 순간의 판단 오류 때문입니다."

내가 구성한 포트폴리오는 분명 안정적이었다.
하지만 옆자리 누군가가 특정 종목 하나로 단기간에 큰 수익을 냈다는 이야기를 꺼내는 순간, 내가 가진 '안정'은 '손해'처럼 느껴지고, 내가 누리는 '지속성'은 '뒤처짐'처럼 인식된다.

바로 그 순간부터, 계획은 흔들리기 시작한다. 나의 기준은 흐려지고, 남의 결과에 내 감정이 움직이기 시작한다.

이것이 상대적 박탈감의 시작이다.
가진 것보다 '남이 가진 것'에 더 집중하게 만드는 감정.
그리고 그 감정이 전략을 무너뜨린다.

우리는 안다.

비교에서 벗어나야, 지금의 나를 온전히 바라볼 수 있다.

행복도, 재테크도 결국은 '내가 원하는 방향'과 '내가 지킬 기준'을 세우는 일이다.
그 기준을 끝까지 지키는 사람이, 마음도 자산도 지킬 수 있다.

27 평안함으로 가는 최악의 생각

신호 대기 중이었다.

멈춰 선 내 차를 뒤에서 달려오던 승용차가 들이받았다. 다행히 크게 다치진 않았지만, 이제 막 탄 새 차는 심하게 망가졌다. 순간 밀려온 감정은 황당함, 속상함, 그리고 분노였다.

"왜 하필 나야?"

그 순간만큼은 정말 운이 없다고 생각했다. 그런데 이상하게도, 나는 이런 상황일수록 일부러 '최악의 경우'를 상상해 보는 습관이 있다.

만약 뒤차가 승용차가 아니라 대형 덤프트럭이었다면?
만약 내가 뒤차 운전자였다면?

그런 최악의 시나리오를 떠올려 보면, 지금 내 앞에 펼쳐진 현실이 상대적으로 평온하게 느껴진다. 억울함이 조금은 가라앉고, 분노의 온도가 낮아진다.

나는 투자를 할 때도 이와 비슷한 태도를 유지하려 한다.
후회하지 않기 위해, 투자 전에 충분히 최악을 상상해 본다.

이 회사가 부도가 나면? 이 자산이 폭락하면? 그럴 가능성을 받아들이고도 투자할 만한 가치가 있다면, 그때 비로소 나는 결정한다.

그래서 나는 하나의 자산에 큰 금액을 넣지 않는다.

최악을 상상하는 습관이 절제를 만든다.
절제가 위험을 관리하게 한다.

우리는 누구나 평안을 원한다.
하지만 진짜 평안은 바람이 불지 않는 날에 오는 게 아니다.

거센 바람 속에서도 내가 흔들리지 않을 준비를 했을 때, 비로소 찾아온다.

평안은 최고를 기대할 때가 아니라,
최악을 준비했을 때 만들어진다.

🔗 **연결된 생각**
준비는 불안을 줄이고, 평안을 만든다

사람들은 종종 "그럴 줄 몰랐다."라는 말로 불안과 후회를 표현한다. 하지만 준비된 사람은 그 말 대신 이렇게 말한다.
"생각했던 범위 안이야."

예측이 아니라 구조, 그것이 진짜 준비다.
리스크를 피하려 애쓰는 대신, 감당할 수 있는 크기로 나누고, 불확실성을 받아들이되 그 안에서 기준을 세우는 일.

하나의 자산에 집중 투자하지 않고, 소득이 있을 때 지출을 설계하며, 시장이 흔들릴 때 나도 같이 흔들리지 않도록 나만의 포트폴리오를 만든다.

이 모든 것이 불확실한 세상 속에서 나를 지키는 실천이다.

불안은 사라지지 않는다.
하지만 미리 대비한 사람은 불안 앞에서도 평온하게 설 수 있다.

28. 검찰에서 전해 온 친구 소식

몇 년 전, 전혀 예상치 못한 번호로부터 전화 한 통을 받았다.
낯선 번호, 단호한 목소리.

"혹시 정인국 씨를 아십니까?"

익숙한 이름이었다.
"네, 대학 동창입니다. 왜 그러시죠?"

짧은 침묵 후 이어진 설명.

"친구분이 현재 검찰 조사를 받고 있습니다. 선생님께서도 참고인 조사가 필요합니다."

심장이 쿵 내려앉았다.

걱정과 당황스러움이 동시에 밀려왔다. 1년 전 새 사업을 시작하며 연락이 뜸해졌던 친구. 어떤 일이 있었던 걸까.

그런데 담당자는 갑작스럽게 묻기 시작했다.

"정인국 씨가 선생님 명의의 통장을 사용하고 있다는 사실을 알고 계십니까?"

순간, 머릿속이 하얘졌다.
나는 통장을 빌려준 적도, 공유한 적도 없었다.

이상했다. 그때부터 상대는 점점 태도를 바꾸더니, 개인 정보를 요구하고, 계좌 이체를 권유하기 시작했다.

"협조하지 않으면 불이익이 따를 수 있습니다."

무언가 확실했다.
이건 사기였다.

사기범들은 언제나 그럴듯한 이유와 '긴급함'을 함께 제시한다.
검찰, 금융감독원, 경찰 등 그럴듯한 이름과 위기 상황을 입에 달고 다닌다.

사기를 당하는 사람들은 어리석지 않다.

그 상황이 '나의 현실'과 너무 잘 맞아떨어질 때, 우리는 본능적으로 의심을 내려놓는다.

그래서 우리는 언제나 '냉정한 거리 두기'가 필요하다.

🔗 연결된 생각
'정인국'을 기억하세요

보이스 피싱을 막는 가장 쉬운 방법은 '정·인·국'이라는 세 글자를 기억하는 것이다.

- 정 – 정보를 요구한다
- 인 – 인출 또는 이체를 요구한다
- 국 – 국가기관을 사칭한다

이 중 하나라도 해당되면, 무조건 전화를 끊고, 공식 번호로 직접 확인해야 한다.

요즘은 기술이 더 무섭다.
AI 딥페이크 기술로 지인의 얼굴과 목소리까지 모방한다.
화면도, 음성도 '진짜' 같지만 진짜가 아니다.

그래서 나는 한 가지를 더 준비했다.

가족만의 암호 만들기이다.

예를 들어 "동생은?"이라는 질문에 "99"라고 답한다.
(나는 외동이다. 99명의 동생을 상상하며 농담처럼 만든 암호다.)

또 다른 예는 "새벽에는?" → "222"
(Zzz, 즉 잠을 잔다는 의미를 숫자로 바꾼 암호다.)
가족끼리 이런 짧은 암호를 만들어 두면, 급한 순간, 얼굴을 사칭한 영상 통화나 메신저 이체 요청에도 진짜인지 가짜인지 즉시 판단할 수 있다.

금융 사기는 더 정교해지고 있지만, 우리는 그보다 더 영리하게 대비할 수 있다.

• 의심하는 습관, '정인국' 기억법, 그리고 가족만의 암호.

이 세 가지로 모든 위험을 막을 수는 없지만, 우리를 한 발 더 안전하게 지켜 줄 수 있다. 돈을 지키는 일이 아니라, **사랑하는 사람들의 마음을 지키는 일**이기도 하니까.

균형에서 미래로

우리가 바라는 미래는 막연한 희망이 아니다.
그 미래는 지금 이 순간의 선택이 쌓여 만들어지는, 방향 있는 삶의 결과이다.

「5부」는 그 방향을 찾기 위해 균형을 다시 점검하고, 현실적인 구조를 세우며, 지속 가능한 실천으로 나아가는 여정을 담고 있다.

이제는 정보나 의지만으로는 부족하다.
삶의 중심을 지키기 위해서는 회복력 있는 구조와 나만의 판단 기준이 필요하다.

「5부」에는 다음과 같은 이야기들이 펼쳐진다.

- 전문가의 전망이 아닌 스스로의 판단과 분산의 전략
- 모든 날을 '적당한 날'로 받아들이는 유연한 수용의 태도
- 리스크와 수익 사이에서 중심을 잡는 투자 감각
- 거시 경제 흐름 속에서 나의 위치를 자각하는 통찰
- 미래를 준비하면서도 지금을 살아 내는 감사의 시선

- 때로는 내려놓는 결단과 손절의 지혜
- 완벽이 아닌 조화로운 균형을 이루는 포트폴리오 설계

이 글들은 삶의 중심이 흔들릴 때마다, 다시 자신에게로 돌아오는 길을 안내한다.

그리고 마지막 글 「행복은 균형이다」에서는 우리가 이 모든 여정을 지나 어떤 마음으로 삶을 바라봐야 할지를 다시 정리해 준다.

삶을 균형 있게 설계하고, 언제든 다시 중심을 회복할 수 있도록 준비하는 것.
그것이 진짜 경제적 자유이자, 마음이 살아 있는 재무 관리의 모습이다.

「5부」는 이렇게 말한다.
"균형은 미래를 향한 가장 현실적인 실천이다."

오늘의 판단, 지금의 준비가 내일의 나를 지켜 줄 수 있도록. 이제, 삶의 구조를 스스로 만들어 갈 시간이다.

· 나의 마음 정리 ·

지금 기억하고 싶은 문장이나 떠오른 생각,
나만의 실행 다짐을 자유롭게 적어보세요.

29

전문가의 투자 전망은
유효 기간이 지났다

얼마 전, 각종 언론에서 "물가가 안정되고 있다."라는 기사가 쏟아졌다. 물가 안정은 곧 기준 금리 인하의 신호다.

그 흐름을 읽고, 나는 기회를 포착했다. 금리가 내려가면, 미리 투자한 채권 가격은 오른다.

그래서 채권 투자에 나섰다.

하지만 결과는 예상과 달랐다.

손실이 발생했다. 흐름은 무너졌고, 시장은 다른 방향으로 움직였다.

이유는 뜻밖이었다.

미국 대통령이 갑작스레 관세 정책을 발표한 것이다.

시장은 빠르게 반응했다.

관세 인상 → 수입 물가 상승 → 물가 재상승 가능성으로 해석되었다. 그날 이후, 금리 인하 기대는 낮아졌다.

그 경험이 내게 '전망은 언제나 바뀔 수 있다는 것'을 가르쳐 주었다.

전문가의 말은 언제나 설득력 있다.

"지금이 AI 관련주 타이밍입니다."
"이제는 채권에 주목할 때입니다."
"저가 매수의 기회를 놓치지 마세요."

그 말들은 귀에 잘 들어오고, 마음을 자극한다.
하지만 나는 묻는다.

이건 미래를 예측한 말인가, 지나간 흐름을 해석한 말인가?

연결된 생각
예측보다 대응

"요즘 어떤 종목이 유망한가요?"
"앞으로 어디에 투자하면 좋을까요?"

이런 질문 속에는 '정답을 알려 달라'는 기대가 숨어 있다.
하지만 시장은 시험지가 아니다.

정답은 매일 바뀌고, 질문 자체가 달라지는 세계다.

그래서 나는 정답을 맞히는 힘보다, 질문을 바꾸는 힘이 중요하다고 생각한다.

전문가의 의견은 참고할 수 있다. 그러나 판단은 내가 하는 것이어야 한다.

시장은 매일 바뀌고, 뉴스는 어제의 흐름을 오늘 해석한다.
그 안에서 투자자는 흔들리지 않기 위해 세 가지를 갖춰야 한다.

- 태도 – 맹신하지 않는 거리감
- 구조 – 분산과 배분의 질서
- 유연함 – 확신보다 조정의 여지

예측에는 유통기한이 있다.
정보는 넘치고, 말은 많지만, 그 안에서 내 기준으로 해석하고 선택하는 힘은 스스로 길러야 할 능력이다.

우리는 종종 묻는다.
"누구 말이 맞았지?"
하지만 그건 중요한 질문이 아니다.

나의 선택이 맞았는지를 확인하는 것이 아니다.
"나는 변화에 대응할 수 있는가?"
이 질문을 반복하는 것, 그것이 진짜 투자자의 자세다.

30 캠핑하기 적당한 날을 추천합니다

비가 와도 좋고, 맑아도 좋았다. 흐린 날도 그 나름의 분위기로 충분했다. 그날의 캠핑은 날씨와 상관없이 모든 날이 '적당한 날'이었다.

여름밤 장흥의 심천오토캠핑장.
살짝 내리는 비는 더위를 식혀 주었고, 전면 개방된 타프 아래 시원한 바람이 스쳐 지나갔다.

에어텐트와 타프의 도킹.
평소와는 반대 방향으로 연결해 봤더니, 기대보다 훨씬 개방감 있는 거실이 완성되었고, 맑은 날에도 더 어울릴 세팅, 작은 시도가 새로운 배움이 되었다.

도킹 부위의 타프 높이를 한 단 더 올려 보니, 공기가 부드럽게 순환하며 거실 전체가 더 쾌적해졌다.

캠핑의 하이라이트는 언제나 소박한 식사다.

비 오는 날의 파전, 불판 위의 삼겹살, 그리고 식사와 함께한 나눔의 웃음이 적당한 날의 분위기는 완벽했다.

겨울 캠핑은 해남이었다.

많이 춥지 않아 온 가족이 함께할 수 있었던 시간.

네이처하이크 에어텐트와 차량용 타프를 도킹해서 바다를 정면으로 마주 보는 구조를 만들었다.

바람과 전망, 프라이버시까지 고려한 설치로, 거실이 없는 텐트의 단점은 '개방형 도킹'으로 보완되었다.

넓게 펼친 두 개의 에어매트, 차가운 외부와 대조되는 아늑한 내부, 겨울의 찬 바람 속에서도 모든 것이 잘 어우러졌던, 오히려 따뜻하게 기억되는 날이었다.

석양이 아름다웠던 송호해수욕장.

해변을 걷고, 모래 위에 낙서를 하고, 파도의 흔적을 따라 걸으며, 그날의 바다는 조용히 기억으로 저장되었다.

예약이 되지 않는 캠핑장의 기대와 긴장감, 우연한 인연도 모두 캠핑의 일부가 되었다.

그날의 날씨와 환경이 좋았던 게 아니라, 그날의 마음이 좋았기 때문이었다.

 연결된 생각
투자하기 적당한 날

날씨와 상관없이 모든 날이 캠핑하기 '적당한 날'이었던 것처럼, 투자도 마찬가지다.

'완벽한 날을 기다리기보다, 지금 이 순간을 적당한 날로 만드는 사람.'

비가 오면 비를 피할 세팅을 만들고, 햇빛이 강하면 그늘을 만들 줄 아는 사람, 그 사람이 결국 삶도, 투자도 조율할 줄 안다.

모든 날이 누군가에겐 캠핑하기 좋은 날이듯, 모든 시점은 누군가에겐 투자하기 적당한 날이다.

완벽을 기다리기보다, 지금 내 여건에서 할 수 있는 선택을 찾는 사람.
그 사람이 결국 멀리 간다.
그리고 그 사람은, 매일을 적당한 날로 살아 낸다.

31 균형을 잡는다는 것

"안전하면서 수익도 좋은 투자, 없을까요?"

재무 상담에서 가장 자주 들었던 질문이다.
그 질문은 솔직하고 현실적이지만, 한편으론 서로 충돌하는 두 욕망의 경계에 서 있는 물음이기도 하다.

안정이란 변동이 적다는 뜻이고, 수익성은 변동 가능성을 전제로 한다. 두 마리 토끼를 잡고 싶어 하는 마음은 결국, 균형이라는 감각을 요구한다.

그렇다고 해서 둘 중 하나를 완전히 포기할 필요는 없다.
투자의 핵심은 극단이 아니라 조화다.

성장 가능성과 리스크의 그림자를 함께 보는 것.

오르지 않은 곳을 주목하되, 왜 아직 오르지 않았는지를 반드시 묻는 것.

사람들의 관심에서 벗어난 자산은 때로는 기회이기도, 때로는 경고이기도 하다. 단지 저평가됐다고 해서 좋은 투자인 것은 아니다.

"저렴한 가격이 아니라, 정당한 이유가 있는가?"

반대로, 이미 급등한 자산은, 그 자체로 불안을 안고 있다.
자신의 무게를 견디지 못한 채 흔들리기 쉬운 구조.

화려한 수익 뒤엔 과도한 기대가 숨어 있다.
균형을 잡는 사람은 그런 기대조차 조율할 줄 안다.

"투자는 등락의 문제가 아니라, 무게 중심의 문제다."

눈앞의 가격 변동이 아니라, 내 삶의 흐름과 어울리는 구조를 먼저 세워야 한다. 그때 비로소 우리는 투자가 아닌, 삶을 설계하는 감각을 얻게 된다.

🔗 **연결된 생각**
균형을 유지하는 사람

재무 상담을 하다 보면 많은 사람이 '가장 안전한 것', '가장 수익이 높은 것'을 찾는다.

하지만 정말 중요한 건, '가장 나에게 맞는 것'을 고르는 일이다.

균형이란, 무엇을 얻을지보다, 무엇을 감당할 수 있을지를 아는 감각이다.

- 안정성만 추구하면 성장은 멀어진다.
- 수익만 좇으면 삶이 흔들린다.

그 사이에서 '내가 버틸 수 있는 구조'를 세우는 것.
그게 진짜 재무 관리다.

지속 가능한 자산 관리는 극단적인 분산이 아니라, 목표와 감당 가능한 리스크의 조율력에서 출발한다.

내가 감당할 수 있는 위험,
지켜야 할 안전선,
기대해 볼 만한 성장 가능성.

이 세 가지의 거리 안에서 흔들리되, 무너지지 않는 자세가 필요하다.

삶도 그렇고, 투자도 그렇고 균형을 잘 잡는 사람이 멀리 간다.

32 연결된 경제, 나의 위치

나는 아이가 어렸을 때부터 경제에 대한 이야기를 나누려 노력했다. 어느 명절, 아이가 받은 세뱃돈을 저축하자며 말을 꺼냈다.

"은행에 돈을 맡기면 이자를 준대."

아이는 곧바로 질문을 했다.

"왜 은행은 이자를 줘?"

나는 최대한 쉽게 설명하려 애썼다.

"응, 은행은 너한테 주는 이자보다 더 많은 이자를 주는 사람에게 돈을 빌려줄 수 있어서 그래."

아이의 눈이 반짝였다. 그리고 이어지는 질문.

"그 사람은 왜 더 많은 이자를 내고 빌려 가?"

나는 잠시 생각한 뒤 이렇게 말했다.

"그 사람은, 자기가 내는 이자보다 더 많은 이익을 낼 수 있는 아이디어나 기술이 있기 때문에 많은 이자를 내고도 빌리는 거야."

순간, 돈의 수요와 공급, 자본의 흐름이라는 거대한 구조가 아이와의 단순한 대화 속에서 자연스럽게 펼쳐졌다.

경제는 그렇게 연결되어 있다. 내가 맡긴 돈은 누군가의 가능성 속으로 흘러가고, 그 자금은 다시 생산과 소비의 흐름을 만든다.

개인의 경제 활동은 직업을 통해 생산에 참여하고, 그 대가로 소득을 얻는 것에서 시작된다. 그 소득은 다시 소비로 이어지고, 일부는 저축이나 투자로 전환된다.

이 단순해 보이는 흐름 속에 사실은 복잡하고 거대한 경제 순환이 숨겨져 있다. 내가 어디에 돈을 두느냐는 단순한 선택이 아니라, 그 자체로 세상의 어떤 구조에 참여하겠다는 결정이다.

내가 투자한 기업이 성장하면 사회의 생산성이 높아지고, 내가 소비한 물건이 다시 누군가의 매출이 된다. 경제는 그렇게 서로의 선택 위에 쌓이고 확장된다.

은행, 증권, 부동산, 보험… 이 모든 시스템은 개인의 판단과 결정 위에 작동한다. 재무 관리는 단지 숫자의 기술이 아니라, 세상과 연결된 나의 위치를 자주 점검하는 일이다.

나는 세상의 일부이지만, 누구도 전부일 수 없기에 그 일부는 곧 중심이 된다.

 연결된 생각
돈의 위치

저축이나 투자는 단순히 돈을 보관하는 행위가 아니다. 그건 내가 선택한 위치에 돈을 두는 행위다.

유망한 기업의 성장에 내 자금을 함께 놓는 것이 주식이고, 누군가에게 자금을 빌려주는 구조에 참여하는 것이 채권이다.

은행에 맡기는 예금도 마찬가지다.
더 보수적인 위치에 돈을 두고, 적은 이자라도 안전하게 회전되는 구조를 선택하는 것이다. 그 위치에 따라 이익의 크기와 위험의 수준은 달라진다.

어디에 돈을 두느냐는 단순한 상품 선택이 아니라, 내가 세상을 어떻게 바라보고, 무엇에 신뢰를 두는지에 대한 판단이다.

리스크를 감수하고 성장에 동참할 것인가, 안정을 우선하며 유동성을 확보할 것인가. 정답은 없다.
하지만 분명한 건, 내 돈의 위치가 곧 나의 재무 결과를 만든다는 것이다.

33 미래의 내가 현재의 나에게

오늘 어머님을 뵙고 왔다.
많이 노쇠하셔서 휠체어에 앉는 것도 힘겨워하셨다.
식사를 도와드리려다, 어머님께서 무심히 내뱉은 말이 가슴을 찔렀다.
"다 귀찮다. 그냥 잠드는 약 먹고 죽고 싶다."

그 순간, 나는 아무 말도 할 수 없었다.
슬픔보다는 삶을 오래 견뎌 온 사람만이 꺼낼 수 있는, 처절하고도 담담한 진심처럼 들렸다.

육체의 고통보다 더 깊은 건, 잃어버린 시간과 쓸쓸한 존재감이었다. 삶은 이제 선택보다 견딤의 연속이었고, 그 무게는 아무 말도 없이 두 눈 안에 고여 있었다.

그날 어머님의 손을 잡고 앉아 있으면서, 나는 마치 내 미래를 미리 만나는 것 같은 기분이 들었다.
 언젠가 나도 저 자리에서 누군가의 손을 붙잡고 있을 것이다.

 그래서 나는, 오늘의 젊은 나에게 미래에서 편지를 보내고 싶어졌다.

 "지금 너는 얼마나 많은 선택을 할 수 있는가. 얼마나 다양한 감정을 느끼고, 얼마나 선명한 정신으로 세상을 바라보고 있는가. 그리고 무엇보다, 얼마나 많은 사람과 연결되어 있는가."

 지금 나에게 주어진 이 모든 일상이 당연하지 않다는 것을, 잊지 말아야 한다.

 이 모든 것이 행복임을 아는 것, 그것이 삶의 여정 속에서 오늘을 살아가는 균형이다.

 나는 그 편지의 끝을 이렇게 남기고 싶다.

 "지금 너는 참 많은 것을 갖고 있어.
 지금 네가 당연하게 여기는 모든 것은, 미래의 너에겐 달콤하고도 꿈 같은 시간이었단다.
 그러니, 오늘을 더 깊이 만끽하길 바란다."

 연결된 생각
미래의 나에게

노후는 갑작스럽게 찾아오는 현실이 아니라, 지금의 삶이 차곡차곡 쌓여 만들어지는 미래의 모습이다.
우리에겐 아직 선택할 수 있는 시간과 움직일 수 있는 몸이 있다. 그러나 그 '당연한 것들'은, 언젠가 당연하지 않게 될 것이다.
그래서 나는 재무 관리도, 삶을 아끼는 방식이라고 생각한다.

재무 설계란, 미래의 나에게 보내는 가장 구체적인 배려다.
"지금 내가 하는 이 선택이, 나중의 나에게 어떤 영향을 줄까?"
이 질문을 품고 저축을 하고, 연금을 준비하고, 소득을 설계하는 것이다.

연금은 오래 살수록 유리한 제도다.
저축은 살아도, 떠나도 가족에게 남는 유산이 된다.

- 저축은 생사를 모두 준비하는 자산
- 연금은 살아 있는 시간만을 준비하는 자산이다.

"나는 오래 살게 될까?"라는 질문이 걱정으로 다가온다면, 그 삶을 지탱할 구조를 지금 준비하는 것이 가장 현실적인 배려일 수 있다.

미래의 나를 상상할 수 있는 사람이 지혜롭다.
그 지혜는 지금의 삶을 아끼는 실천에서 시작된다.

행복이란 결과가 아니다.
미래의 나를 생각하며 지금의 나를 아끼는 연습에서 시작된다.

어떤 하루든, 미래의 나에게
"그때 참 잘 살았어."
라고 말해 줄 수 있도록.

34 현명함과 무모함의 차이

예능 프로그램에서 가수 이효리가 김종민에게 물었다.
"누가 가다가 너 싫다고 뒤통수를 때리면?"
그는 짧게 대답했다.
"그냥 가. 더 맞을까 봐."

이효리는 다시 물었다.
"예능에서 하기 싫은 걸 PD가 자꾸 시키면?"
김종민은 이렇게 말했다.
"그럴 땐 그렇게 생각해. 하고 싶은 것만 어떻게 하고 사냐."

그 말을 들은 이효리는 감탄하며 말했다.
"현명하다, 너. 의외로 현명한데?"
그리고 장난스럽게 '스승님'이라며 두 손을 모았다.

이 장면은 짧지만 강렬했다.

김종민의 대답은 무기력해 보일 수도 있다.

하지만 그 안에는 깊은 수용과 분명한 기준이 담겨 있었다.

그는 화를 내는 것도, 피하는 것도, 지나치게 집착하는 것도 포기했다.

그러나 그 포기는 회피가 아니라,

자신이 통제할 수 있는 것과 굳이 감정을 낭비하지 않아도 되는 것 사이를 구분하는 지혜였다.

우리는 종종 '끝까지 해내는 집념'을 미덕으로 생각한다.

물론 포기하지 않는 태도는 중요하다.

그러나 모든 고집이 용기는 아니다.

방향을 잃은 집착은, 결국 소모로 이어진다.

수영으로 태평양을 건너겠다는 계획은 멋져 보일 수 있다.

하지만 가능성을 고려하지 않은 시도는 도전이 아니라 무모함일 수 있다.

포기란 언제나 물러나는 것이 아니다.

때로는 더 나은 방향을 위해 돌아서는 일이다.

무작정 붙잡는 사람이 강한 것이 아니라, 내려놓을 줄 아는 사람이 진짜 단단하다.

- 내려놓을 줄 아는 사람이, 결국 현명하다.

🔗 연결된 생각
포기도 선택이다

투자에서도 마찬가지다.
모든 자산을 끝까지 끌고 가는 것이 능사는 아니다.
손절은 실패가 아니라, 더 균형 잡힌 판단을 위한 전환이다.

손실을 인정하고 방향을 바꾸는 일은 포기라기보다 다시 설계하는 과정이다.
지나친 고집은 기회를 잃게 하고, 감정에 갇힌 판단은 미래를 흔든다.

투자의 본질은 언제나 이기는 것이 아니라, 불필요한 손해를 줄이고, 다시 기회를 만들 수 있는 유연함을 갖는 데 있다.

지금의 선택이 틀렸음을 인정하고 다른 길을 찾는 것.
그건 물러섬이 아니라, 균형 있는 미래로 나아가는 출발점이다.

포기는 실패가 아니다.
오히려, 감정보다 삶의 방향을 먼저 생각하는 태도다.
무엇을 지키고, 무엇을 놓아야 할지를 판단하는 힘이다.

포기도 선택이다.
그리고 그 선택은 더 나은 방향으로 나아가기 위한 전략이 될 수 있다.

35 완벽하지 않은 것이 완벽하다

사람들은 종종 완벽을 꿈꾼다.
일에서도, 관계에서도, 자신의 모습에서도 흠 하나 없는 상태를 기대하며, 부족한 점은 감추고, 메우려 애쓴다.

하지만 완벽은 존재하지 않는다.
겉으로는 모든 걸 다 갖춘 듯 보이는 사람도 속을 들여다보면 스스로 결핍이라 느끼는 부분이 있고, 누군가에게는 또 다른 부족의 모습으로 비치기도 한다.

디자인과 성능이 완벽한 명품은 가격이나 실용성에서는 아쉬울 수 있고, 가성비가 뛰어난 제품은 디테일이나 완성도에서 부족함이 느껴진다.

완벽한 것은 없다.

다만, 조화로운 것은 있다.

어느 날, 조직의 리더이신 분께서 컴퓨터 앞에서 고심 중인 나를 보며 말했다.
"이제 적당히 해도 되지 않겠나?
그동안 쌓은 경험만으로도 충분할 텐데, 왜 매일 그렇게 준비하려고 하느냐?"라고.

순간 멈칫했다.
'내가 너무 완벽을 추구하는 걸까?'
하지만 나는 알았다.

나는 완벽하기 위해 준비하는 것이 아니다.
완벽할 수 없기에, 성실함을 선택하는 것이다.

완벽에 매달리지 않지만, 그 한계 안에서 최선을 다하려는 태도.
그 마음이 쌓여 조화로운 결과를 만들어 간다.

성격이 급한 사람은 신중한 사람 덕분에 실수를 줄이고, 신중한 사람은 성급한 사람 덕분에 결정을 앞당긴다.
혼자라면 단점이었을 것이 함께라면 장점이 된다.

"완벽하지 않은 우리가 서로를 채워 갈 때, 우리는 가장 완벽한 상태에 가까워진다."

균형을 위한 포트폴리오

삶에서 완벽을 기대할 수 없듯, 모든 자산이 완벽할 수는 없다.

주식은 수익성을, 채권은 안정성을, 부동산은 실물 자산의 특성을, 현금은 유동성을 담당한다. 이들은 각자의 장단점이 뚜렷하다.

그래서 우리는 '조화'를 선택해야 한다.
자산 간의 균형은 시장이라는 흔들리는 다리 위에서도 조금 더 안정된 걸음을 가능하게 해 준다.

포트폴리오란 자산을 나누는 작업이 아니라, 내 삶의 균형을 설계하는 일이다.

그 설계에는 지식보다 태도가 필요하다.
감정에 흔들리지 않고, 흐름을 인식하며, 긴 호흡을 견디는 자세.

완벽한 순간을 기다리는 대신, 조화로운 구조를 준비하는 것.

그것이 재무 관리의 본질이며, 완벽하지 않은 세상을 살아가는 가장 현명한 방식이다.

36 행복은 균형이다

오늘 아침, 문득 나에게 물었다.
"행복한가?"

달콤한 휴식, 기다렸던 여행, 좋은 사람들과의 시간.
그 순간마다 우리는 "행복하다."라고 말한다.
하지만 그 모든 시간이 지나간 뒤에도 우리는 다시, "행복해지고 싶다."라고 말한다.

행복은 어디에 있을까.
성공, 안정, 만족… 누군가에겐 그것이 행복일 수 있다.
하지만 나에게 행복은, '균형'이다.

경제적인 여유, 건강한 몸, 안정된 관계, 맑은 생각, 평온한 마음.
이 다섯 가지가 서로를 해치지 않고 조용히 어우러질 때, 비로소 '나답게 살아간다'는 감각이 찾아온다.

삶은 완벽하게 조율되지 않는다.
그중 하나라도 흔들리면 연쇄적으로 무너질 수 있다는 걸 우리는 경험으로 안다.

그래서 나는 이렇게 생각한다.
행복은 이상적인 상태가 아니라, 흔들릴 때 다시 돌아올 수 있는 중심을 갖는 일이다.

자신만의 기준, 지켜야 할 우선순위, 놓치지 않을 삶의 리듬.
이것들이 모여 내 삶을 되살리는 작은 발판이 된다.

행복은 멀리 있지 않다.
감사할 줄 아는 태도, 지금 이 순간을 느끼고 있다면, 삶은 그 자체로 이미 충분하다.
행복은 균형이고, 그 균형은 지금 나를 살아 있게 하는 마음의 중심이다.

🔗 연결된 생각
균형을 위한 구조 만들기

삶은 생각보다 자주 무너지고, 마음은 생각보다 자주 흔들린다.
그래서 중요한 건 무너지지 않는 완벽함이 아니라, 무너져도 다시 일어설 수 있는 구조다.

행복을 단순 공식으로 표현하면 이렇게 정리할 수 있다.

행복 = 자원(소득, 시간, 기회) ÷ 욕망(바람, 욕심, 기대)

자원을 늘리는 것보다 더 중요한 것은 욕망을 관리하는 일이다.
자원이 커지면 그만큼 욕망도 함께 커져 행복은 제자리걸음을 하기 쉽다.
하지만 욕망을 줄이고 다스리면, 지금 가진 자원만으로도 충분히 만족을 느낄 수 있다.

『마음으로 완성하는 경제적 자유』에서 이야기해 온
- 저축의 의미
- 기다림의 시간
- 비교의 불안
- 감정의 소비
- 포기의 선택
- 자립의 용기

이 모든 주제는 결국 같은 방향을 가리킨다.
'다시 회복할 수 있는 삶의 구조를 만들자'는 제안이다.

균형이란 모든 것이 완벽히 맞춰진 상태가 아니다.

넘어져도 중심을 되찾을 수 있는 준비, 흔들려도 돌아올 수 있는 여유다.
그 여유와 준비를 만드는 것이 나에게 맞는 재무 구조이며, 내 감정과 선택의 기준이 된다. 그 비밀은 욕망을 다스리는 마음에 있다.

회복탄력성은 단단함에서 오는 것이 아니다.
나만의 균형을 이해하고 조율할 수 있는 힘에서 비롯된다.
그래서 우리는 얼마나 모았는가보다, 어떻게 다시 중심으로 돌아올 수 있는가를 물어야 한다.

재무 관리도, 감정 관리도 결국 같은 목적을 가진다.
다시 살아 낼 수 있는 힘을 나 스스로에게 마련해 주는 것.

이제 우리는 안다.
삶이란 균형을 유지하려는 태도이며,
다시 균형을 회복할 수 있는 힘을 기르는 여정이라는 것을.

마음을 실천으로
↳ 생애 단계별 전략

『마음으로 완성하는 경제적 자유』의 「1부」에서 「5부」까지의 글에서
감정과 선택, 균형에 대한 이야기를 전해 왔다면,
마지막 장은 그 마음을 삶으로 옮기는 작은 실천의 출발점이 된다.

「6부」는 '경제적 자유'라는 큰 개념을
각자의 현실 속에서 실행 가능한 전략으로 풀어낼 수 있도록 구성되었다.

소액으로 직접 실행해 볼 수 있는 포트폴리오 예시,
자녀와 함께 성장할 수 있는 금융 감각 훈련,
청년기·중장년기·은퇴기를 아우르는 생애별 전략,
그리고 실천을 통해 서서히 만들어 가는 **나만의 기준과 구조적인 재무 관리 이야기**를 담았다.

「6부」에는 다음과 같은 실천의 흐름이 포함되어 있다.

- 분산과 균형에 기초한 실전 포트폴리오 구성
- 자녀와 함께하는 소비 기준 훈련과 경제 감각 형성

- 청년기를 위한 수입 관리 루틴과 자동화 전략
- 중장년이 삶을 재정비할 수 있는 시선과 구조 설계
- 은퇴를 준비하며 정리하고 대비하는 경제 전략
- 그리고 모든 과정을 관통하는 균형 있는 삶의 시선

이제 감정과 생각으로 다듬어 온 방향을,
하루의 행동으로 바꿔 볼 차례다.

완벽한 계획이 아니어도 괜찮다.
**단 한 번의 시도, 한 번의 선택이
삶의 구조와 방향을 바꿔 줄 수 있다.**

「6부」는 이렇게 말한다.
"경제적 자유는 실천을 통해 완성된다."

지금의 준비가, 생애 전반의 흐름을 바꾸는 힘이 되기를 바란다.

· 나의 마음 정리 ·

지금 기억하고 싶은 문장이나 떠오른 생각,
나만의 실행 다짐을 자유롭게 적어보세요.

37 실전 재테크 포트폴리오

재테크 포트폴리오 예시 (주식계좌, ISA,연금계좌 활용 가능)

순번	종목명	현재가
1	KODEX 200TR	14,970
2	KODEX 미국S&P500(H)	14,500
3	TIGER 인도니프티50	13,380
4	KODEX 차이나H	22,350
5	ACE 베트남VN30(합성)	21,530
6	TIGER 일본니케이225	22,050
7	맥쿼리인프라	11,880
8	RISE 글로벌리얼티인컴	10,305
9	PLUS K방산	48,410
10	TIGER 글로벌AI&로보틱스 INDXX	12,160
11	KODEX 골드선물(H)	19,730
12	KODEX 3대농산물선물(H)	8,095
13	TIGER 미국배당다우존스	11,585
14	TIGER 미국배당다우존스타겟커버드콜2호	9,405
15	RISE TDF2050액티브	13,510
16	TIGER 글로벌멀티에셋TIF액티브	10,855
	1~16 합계	264,715

순번	종목명	현재가
17	TIGER CD금리투자KIS(합성)	56,220
18	RISE 중기우량회사채	107,595
19	KODEX iShares미국하이일드액티브	11,000
20	TIGER 미국30년국채커버드콜액티브(H)	8,080
	17~20 합계	182,895

이 포트폴리오는 단기 수익을 목표로 하는 고수익 전략이 아니다.

삶의 균형을 해치지 않으면서도 장기적으로 자산 구조를 만들어 갈 수 있도록 설계한, 현실적이고 실행 가능한 재테크 포트폴리오이다.

1 기본 원칙

이 포트폴리오는 다음 세 가지 원칙 아래 구성한다.

- **분산:** 지역, 산업, 자산 유형(주식, 채권, 리츠, 원자재 등)의 고른 배분을 추구한다.
- **균형:** 성장성과 안정성, 배당과 재투자의 조화를 고려한다.
- **현실성:** 소액으로도 구성할 수 있으며, 반복 가능한 구조를 지향한다.

포트폴리오의 목표 기간은 10년 이상으로 설정한다. 복리의 효과를 경험하려면 장기 보유를 전제로 해야 한다.

2 포트폴리오 구성 예시(2025년 6월 25일 종가 기준)

총 **20개 종목**으로 구성되며, 현재가 기준 약 **447,610원**으로 매수 가능하다(주가는 시장 상황에 따라 변동될 수 있다).

- **국내 주식**

  KODEX 200TR, PLUS K방산

- **글로벌 주식**

  KODEX 미국S&P500(H), TIGER 인도니프티50, KODEX 차이나H, ACE 베트남VN30(합성), TIGER 일본니케이225

- **리츠 · 인프라**

  맥쿼리인프라, RISE 글로벌리얼티인컴

- **산업 섹터 · 테마**

  TIGER 글로벌AI&로보틱스 INDXX, TIGER 미국배당다우존스, TIGER 미국배당다우존스타겟커버드콜2호

- **원자재 · 농산물**

  KODEX 골드선물(H), KODEX 3대농산물선물(H)

- **채권 · 단기자금**

  TIGER CD금리투자KIS(합성), RISE 중기우량회사채, Kodex iShares미국하이일드액티브, TIGER 미국30년국채커버드콜액티브(H)

- **혼합형 · TDF/TIF**

  RISE TDF2050액티브, TIGER 글로벌멀티에셋TIF액티브

3 실천 방법

① 계좌 개설

투자 계좌는 'ISA 계좌(개인 종합 자산 관리 계좌)'를 추천한다.

ISA는 다양한 금융 상품을 통합 관리할 수 있고, 수익금은 최대 400만 원까지 이자·배당 소득에 대해 비과세 혜택이 적용된다.

이를 초과하는 수익에 대해서도 9.9%의 분리 과세가 적용되어, 일반 과세보다 절세 측면에서 유리하다.

일반(주식) 계좌에서도 매수는 가능하다. 반드시 ISA가 아니어도 괜찮으며, 평소 이용 중인 증권 계좌로도 투자를 시작할 수 있다.

② 초기 구성

추천하는 실천 플랜은 **100만 원 예산으로 20개 종목을 1주씩 매수**한 뒤, **남은 자금은 본인이 관심 있는 자산을 추가 매수하여 자신만의 포트폴리오를 완성**해 보는 것이다. 장기적(5년 이상)으로 1~16번 종목을 위주로 추가 매수하고, 단기적인(3년 이내) 운용 시에는 17~20번 채권 종목을 활용하는 것을 추천한다.

'기본 구성+개인 선택' 방식은 단순하면서도 자기 주도적인 자산 설계를 경험할 수 있도록 도와준다.

③ 금액 설정

투자 금액에 제한은 없다. 50만 원 이내의 소액으로도 시작할 수 있고, 100만 원이 넘는 금액으로 확장해도 괜찮다.

중요한 것은 금액의 크기가 아니라, **내가 감당할 수 있는 자산 규모 안에서 꾸준히 실천하는 태도**이다.

금액을 조정할 때는 자신의 재무 상황, 여유 자금, 투자 경험 등을 함께 고려해야 한다.

④ 위험·안전 자산 비중 조절

이 포트폴리오는 설정 당시 위험 자산(주식, 원자재 등)과 안전 자산(채권, 단기금융 등)을 약 **60:40 비중**으로 구성하였다.

하지만 이는 하나의 기준일 뿐이다. **연령, 투자 성향, 시장 상황에 따라 위험·안전 자산의 비중을 유연하게 조절**할 수 있다.

제시된 구성은 참고용이며, **본인만의 기준에 따라 조정하는 과정 자체가 곧 자산 관리 훈련**이 된다.

⑤ 추가 실천 전략

단 1회의 매수만으로도 구조적 분산 경험이 가능하다.
- 특정 자산이 유망하다고 판단되면, 소액씩 추가 매수해 본다.
- 수익 실현이나 손실 발생 시에는 **3단계 분할 매도 전략**으로 감정적 결정을 줄인다.
- 투자 경험이 쌓이면, 자신의 기준에 따라 **구성 비중을 조정**하거나 **새로운 자산을 추가**해도 좋다.

4 포트폴리오에 담긴 철학

- **수익보다 방향:** 단기 수익률보다, 장기 자산 축적 구조가 핵심이다.
- **정답보다 기준:** 누구에게나 맞는 포트폴리오는 없다. 자기 기준이 중요하다.
- **금액보다 실천:** 50만 원이든 100만 원이든, 중요한 것은 실행과 꾸준함이다.
- **기다릴 수 있는 구조:** 시장의 단기 등락에 흔들리지 않고 기준에 따라 행동하는 연습을 돕는다.
- **유연성도 실천의 일부:** 정해진 구조를 그대로 따르기보다, **자신의 상황에 맞게 조정하며 포트폴리오를 성장시켜 나가는 과정**이 곧 실전 재무 관리의 핵심이다.

이 포트폴리오는 **누구나 실천할 수 있도록 설계**되었으며, 실제 자산을 운용하는 과정을 통해 **투자 감각과 기준을 함께 길러 주는 재무 관리 실천 도구**로 사용된다.

지금 기억하고 싶은 문장이나 떠오른 생각,
나만의 실행 다짐을 자유롭게 적어보세요.

· 나의 마음 정리 ·

38 자녀와 함께 자라는 가족의 경제 감각 FQ

FQ(Financial Quotient, 금융 지능)는 돈의 흐름을 이해하고, 감정을 조절하며, 선택을 책임지는 힘이다. 자녀의 FQ는 저축이나 용돈 사용 기술보다 훨씬 근본적인 감각에서 출발한다. 돈과 삶을 연결 짓는 기준을 세우고, 실수를 통해 배워 나가는 경험 속에서 성장한다. 부모가 정답을 미리 제시하기보다, 자녀가 스스로 선택하고 기다리며 설명해 볼 수 있도록 여건을 마련해 주는 것이 경제 감각을 키우는 첫걸음이 된다.

1 용돈은 경제 훈련의 시작점이다

아이에게 용돈을 주기 시작하는 시점은 유치원 후반기부터 초등학교 입학 무렵이 적절하다. 이 시기는 숫자를 인식하고, 구체적인 소비를 이해하기 시작하는 시기이기 때문이다.

기준 없이 제공되는 용돈은 교육 효과가 크지 않다. 금액, 주기, 사용

처에 대한 부모의 일관된 기준이 반드시 필요하다.

용돈은 하루 단위로 시작하여 주간, 월간 단위로 확장해 가는 것이 좋다. 지출의 우선순위, 소비 습관, 예산 감각이 이 과정에서 자연스럽게 형성된다.

시행착오를 통해 자기조절력과 판단 기준을 자녀 스스로 익히도록 유도해야 한다. 「11. 저축을 하는 이유」에서 강조했듯, 돈은 단순히 모으는 목적이 아니라, 선택의 자유를 준비하는 수단임을 알려 주는 것이 바람직하다.

2 작은 포트폴리오, 큰 감각의 시작

자녀가 관심 있는 회사나 산업을 스스로 고르게 하고, 소액이라도 직접 선택하고 결정해 보게 하는 것이 효과적인 학습이 된다. 이는 단순한 투자 체험이 아니라, 선택의 근거를 세우는 훈련이다.

ETF, 모의 투자 앱, 가상 포트폴리오 등을 활용할 수 있으며, 브랜드 사용 경험에서 기업 탐색, 투자 결정으로 이어지는 흐름을 만들어 주는 것도 좋다.

"왜 이 회사를 골랐는가?"라는 질문은 자기 기준을 명확히 하는 데 도움을 준다. 「25. 게으른 투자자의 반전」처럼, 복잡한 전략보다 반복 가능한 단순한 루틴이 감각을 키운다.

3 수익보다 감정을 다루는 연습이 먼저다

수익률에 일희일비하지 않고, 기다릴 수 있는 태도와 감정을 조절하는 연습이 선행되어야 한다. 수익이 낮더라도 선택에 명확한 기준이 있었다면, 그것은 충분히 의미 있는 경험이 된다.

결과보다 선택의 이유와 과정을 돌아보는 자세가 중요하다.

투자 후 "지금 기분이 어떤가?"라고 물어보는 질문은 감정의 흐름을 객관화하는 데 도움이 된다. 「27. 평안함으로 가는 최악의 생각」에서도 언급했듯, 불안은 조급함을 만들고, 조급함은 잘못된 결정을 유도한다.

4 자기 기준을 설명해 보는 시간

투자나 소비 이후 "왜 그렇게 선택했는가?"라는 질문을 던지는 시간은 자녀가 자신의 관점을 정리하고 설명해 보는 기회를 제공한다. 말로 설명할 수 있어야 기준이 정립된 것이다.

이는 자존감과 사고력, 자기표현력을 함께 키우는 훈련이기도 하다. 실수가 발생했을 때는 결과보다 먼저 '선택의 이유'를 들어 주는 태도가 필요하다. 「14. 준비된 사춘기」가 전하듯, 신뢰받는 경험은 자녀가 더 성숙한 방향으로 나아가는 힘이 된다.

5 부모의 행동이 최고의 경제 교육이다

부모의 소비와 지출 기준, 태도, 언어는 자녀의 경제 감각에 오랫동안 영향을 미치는 무언의 교과서이다. 기준 있는 소비, 계획된 지출, 절제된 감정 표현은 자녀에게 강력한 메시지를 전달한다.

'필요한가 vs. 지금 당장 갖고 싶은가'를 구분하는 모습은 그 자체로 훌륭한 교육이다.

"우리 가족은 이런 기준으로 소비한다."라는 말보다, 그 기준이 일상 속에서 자연스럽게 드러나도록 행동으로 보여 주는 것이 더욱 효과적이다. 「21. 얼마면 만족할까?」에서도 강조했듯, 비교보다 중요한 것은 자신만의 기준을 아는 것이다.

6 자녀와 가족의 경제에 남기고 싶은 이야기

자녀의 FQ는 시험 점수처럼 단기간에 드러나지 않는다. 그러나 작은 선택과 소비, 그리고 실패를 스스로 해석해 보는 시간을 통해 그 감각은 점차 자라난다.

경제 감각을 키운다는 것은 돈을 이해하고, 감정을 조절하며, 선택을 책임지는 태도를 기르는 일이다. 그리고 그것은 결국, 삶을 스스로 설계해 나갈 수 있는 실질적인 역량으로 이어진다.

자녀에게 투자 경험을 접하게 할 때는 무엇보다 '보유 중심의 장기 전략'으로 접근하는 것이 바람직하다. 금이나 부동산처럼 오랜 시간 동안 보유함으로써 가치가 쌓이는 자산이 있듯, 금융자산 역시 자주 사고파는 것보다 일정 기간 꾸준히 보유하는 것이 더 건강한 투자 습관이 될 수 있다.

매매에 집중하게 되면 본연의 학업에 집중하지 못하고, 자칫하면 단기 수익에 집착하는 투기적 습관이 형성될 수 있기 때문이다. 투자라는 도구가 자산 증식을 넘어 삶의 균형을 배우는 수단이 될 수 있도록, 방향과 태도를 먼저 가르쳐야 한다.

지금 기억하고 싶은 문장이나 떠오른 생각,
나만의 실행 다짐을 자유롭게 적어보세요.

· 나의 마음 정리 ·

39 청년, 돈을 다루는 감각 키우기

첫 월급을 받는 순간, 설렘보다 막막함이 먼저 찾아오는 경우가 많다. 돈이 생겼지만 어떻게 관리해야 할지, 누구에게 물어야 할지 알 수 없어 막막하게 느껴지는 것이다. 이럴수록 필요한 것은 '돈을 다루는 감각'을 처음부터 훈련하는 일이다.

이 훈련은 반드시 월급이 있을 때만 가능한 것이 아니다. 소득이 없더라도 지금 당장 시작할 수 있다.

대학생이거나 아직 소득이 없는 청년이라면, 지금이야말로 소액으로 시행착오를 경험하고 금융 감각을 기를 수 있는 가장 좋은 시기다. 「37. 실전 재테크 포트폴리오」에서 제시했듯, 소액으로 시장을 경험한 사람은 실제 소득이 생겼을 때 크고 위험한 실수를 피할 가능성이 높아진다. 준비가 습관이 될 때, 기회는 훨씬 가까이 다가온다.

1 자립의 감각 - 수입을 분류하고 자동화하는 루틴

「9. 어른이 된 아이」가 전하듯, 자립은 단순히 소득이 생겼다고 완성되는 것이 아니다. 청년기의 재무 관리 출발점은 수입 흐름을 분류하고 자동화하는 감각을 익히는 데 있다.

월급이 있다면 다음과 같이 네 가지 항목으로 구분해 보는 것이 좋다.
① 고정 지출
② 변동 지출
③ 예비비
④ 미래 준비금(저축 및 투자)

각 항목에 대한 자동 이체를 설정해 월급일마다 흐르도록 만들면, 일일이 결심하지 않아도 재무 관리가 일상화된다. 구조는 결심보다 강력하다.

2 저축의 감각 - 선택의 자유를 위한 준비

「11. 저축을 하는 이유」는 저축을 단순한 모으기의 개념이 아닌, 미래 선택의 자유를 확보하는 도구로 설명한다. 매달 소득의 10% 이상을 '선택의 자유 통장'에 자동 이체하는 것을 권장한다.

국가가 제공하는 청년 자산형성 지원제도(예: 청년도약계좌, 청년내일채움공제 등)는 이러한 준비를 효과적으로 지원하는 수단이 될 수 있다. 본인에게 적용 가능한 조건을 미리 확인하고 적극 활용하는 것이 좋다.

3 소비의 감각 - 목적 있는 소비가 기준을 만든다

「21. 얼마면 만족할까?」에서 강조했듯, 타인과의 비교에서 비롯된 소비는 만족감을 주지 못한다. 청년기에는 소비 목적을 자각하고 스스로 평가하는 습관이 필요하다.

소비 후에는 다음 세 가지 질문을 스스로 던져 보는 것이 좋다.
"왜 샀는가?"
"필요했는가?"
"후회는 없는가?"

이 간단한 메모만으로도 충동 소비는 줄어들고, 소비의 기준은 더욱 분명해진다. 또한 연말 정산은 단순한 환급이 아니라, 절세 전략의 일환이다. 체크 카드와 신용 카드의 사용 비중, 공제 항목에 대한 관리도 절세 감각을 키우는 좋은 방법이다.

4 투자 감각 - 감정보다 구조가 먼저다

「25. 게으른 투자자의 반전」은 말한다. 좋은 투자자는 부지런한 관찰자가 아니라, 단순하고 일관된 구조를 실천하는 사람이다.

ETF, CMA, 적립식 펀드 등을 활용해 소액 자동 이체 기반의 분산 투자를 시도해 볼 수 있다. 투자 성향(보수형, 중립형, 적극형)에 따라 자산 비율을 조정하고, 이해 가능한 상품 구조와 반복 가능한 전략을 우선으로 선택하는 것이 바람직하다.

이때 금융 사기, 고수익 유혹, 확정 수익을 내세우는 유사 투자에는 반드시 주의해야 한다. 기초적인 투자 감각이 갖추어졌다면 「37. 실전 재테크 포트폴리오」의 자산 배분 전략을 참조해 볼 수 있다.

5 판단의 감각 - 포기도 전략이 될 수 있다

「34. 현명함과 무모함의 차이」에서 말하듯, 모든 기회를 다 잡으려 하기보다는 기회비용을 기준 삼아 포기할 줄 아는 판단력이 필요하다. 소비 또는 투자 전 "이 선택을 위해 무엇을 포기하게 되는가?"를 자문하는 습관이 중요하다.

선택은 기준을 만들어 내며, 기준은 삶의 균형을 지키는 도구가 된다.

6 청년 재무 감각에 남기고 싶은 이야기

청년기의 재무 관리에서 중요한 것은 수익률이 아니라 기준, 반복, 감정 관리의 훈련이다. 『마음으로 완성하는 경제적 자유』에서 소개된 이야기들처럼, 자산이 많지 않아도 삶의 중심을 지킬 수 있으며, 지금 수입이 없더라도 훈련은 얼마든지 시작할 수 있다.

작은 소비에도 기준을 적용해 보고, 소액이라도 투자 플랫폼을 체험해 보며, 단기적인 유혹보다는 책임 있는 선택을 실천하는 시기로 삼는 것이 바람직하다.

돈을 다루는 감각은 결국 연습이다. 그 연습이 습관이 되고, 습관이 태도를 만들며, 태도는 미래의 기준을 완성하는 기반이 된다.

지금 기억하고 싶은 문장이나 떠오른 생각,
나만의 실행 다짐을 자유롭게 적어보세요.

· 나의 마음 정리 ·

40 직장인, 균형을 위한 재무 전략

아침부터 업무 메일이 쏟아지고, 점심시간엔 미뤄 둔 회의와 자료 제출 일정이 겹친다. 퇴근길 지하철에서야 겨우 스마트폰을 열어 보면, 주식시장이 하락했다는 뉴스가 뜬다. 마치 지금 뭔가를 하지 않으면 안 될 것 같은 불안감이 마음을 흔든다.

하지만 그럴수록 더 조심해야 한다.
직장인의 재무 전략은 조급함이 아니라, 단순한 구조와 반복 가능한 실행에서 시작해야 한다.

1 재무 전략은 '일상에 녹아드는 구조'여야 한다

직장인은 바쁘다. 시간이 없다. 그래서 더욱 필요한 것은 화려한 정보가 아니라 단순하고 반복 가능한 재무 루틴이다.

재무 전략의 시작은 포트폴리오 설계다.

예·적금, 펀드, ETF, 부동산, 보험, 연금 등 자산마다 역할이 다르다. 중요한 것은 이들을 조합해 삶의 흐름에 맞는 전략을 만드는 것이다.

예시 구조

자산	활용 목적	전략 방식
예·적금	비상금, 단기 지출	CMA, 정기적금, 계좌 자동이체
펀드&ETF	중장기 투자	글로벌 ETF 중심 분산투자, 적립식 매수
부동산	실거주 or 투자	거주 목적 구분, 대출 비율 관리
보험	위험 대비	보장성 보험 최소 구성, 중복 체크
연금	노후 준비	국민연금, 퇴직연금, 개인연금 연계 구조화

모든 자산을 동시에 다룰 필요는 없다.

직장인은 '언제, 어떤 목적에 어떤 자산을 활용할 것인가'를 기준으로 전략을 설계해야 한다.

2 자동 이체와 절세 전략, 직장인의 실천 도구

월급은 전략을 자동화할 수 있는 최고의 무기다.

자동 이체 설정만으로도 안정적인 자산 관리를 실현할 수 있다.

- **연금 저축&IRP:** 월 적립 → 세액 공제 + 노후 자금 마련
- **ETF 적립식 투자:** S&P500, KODEX 200TR 등 정기 매수 설정
- **ISA 계좌:** 비과세 혜택을 활용한 투자

- **보장성 보험:** 질병이나 상해로 인한 소득 감소와 의료비 지출에 대비

직장인에게 연말 정산은 단순한 연례 이벤트가 아니라,
재무 전략을 점검하고, 실행을 조정하는 중요한 계기가 되어야 한다.

3 심리적 피로를 줄이는 '단조로운 투자 전략'

불확실한 시장 상황, 반복되는 뉴스 알림, SNS 속 수익 인증.
이 모든 것이 직장인의 집중력을 흔든다.
하지만 직장인은 하루에도 수많은 선택을 한다.
그 선택의 피로를 줄이기 위해서는 재무 전략만큼은 단조로워야 한다.

- 매일 종목을 살펴보는 대신, 한 달에 한 번 리밸런싱 체크
- 실적 발표보다, 자동이체 스케줄 확인
- 급등락을 쫓는 대신, 장기 포트폴리오 유지

시간이 없다면, 자동화된 구조를 만드는 것이 해답이다.
그 구조는 곧 회복력 있는 재무 시스템이 된다.

4 기준은 수익률이 아니라 '내 삶의 우선순위'

직장인은 누구보다 '지금'과 '미래' 사이에서 균형을 고민하는 사람이다.

지금의 소비를 누리면서도, 내일의 안정도 준비해야 한다.

그래서 재무 목표는 숫자가 아니라 '기준'에서 출발해야 한다.

- **주택 마련이 우선인가?**
→ 대출 상환 가능성과 생활비 흐름부터 점검
- **자녀 계획이 있는가?**
→ 출산, 육아 휴직으로 등으로 인한 소득 감소에 대비
- **이직이나 소득 공백이 우려되는가?**
→ 최소 3개월 치 고정비를 확보한 유동성 전략 필요

기준이 있는 사람은 정보에 휘둘리지 않는다.
그 기준은 수익률보다 훨씬 오래가는 선택을 만들어 준다.

5 평온한 삶을 위한 재무 전략

직장인의 재무 전략은
가장 바쁜 시기를 살아가는 사람이 자기 삶을 지켜 내기 위한 전략이다.
결국 중요한 건 '얼마를 벌었는가'가 아니라
'그 돈이 내 삶을 얼마나 평온하게 만들어 주는가'라는 점이다.

게으른 투자자의 반전은

'하지 않는' 것이 아니라 '흔들리지 않는' 것이다.
마찬가지로, 직장인의 전략은 '단조로운 반복' 안에 있다.

- 자동화된 구조
- 절세 전략의 활용
- 단순하고 지속 가능한 루틴
- 삶의 우선순위를 반영한 자산 배분

이 네 가지가 있다면, 직장인의 삶은
돈에 휘둘리지 않고 돈과 함께 나아갈 수 있다.

지금 기억하고 싶은 문장이나 떠오른 생각,
나만의 실행 다짐을 자유롭게 적어보세요.

· 나의 마음 정리 ·

41 신혼부부, 함께 준비하는 돈 이야기

결혼은 사랑만으로 유지되지 않는다.
그 안에는 일상의 분담, 감정의 조율, 그리고 돈에 대한 합의와 실행이 포함되어야 한다.

신혼기 재무관리는 단순히 예산을 아끼는 것이 아니다.
삶의 방향을 함께 결정하고, 미래를 함께 설계하는 일이다.
바로 이 점에서 신혼기의 재무 설계는 결혼 생활의 기초 체력이 된다.

1 '우리'라는 이름으로 목표를 설정하다

각자 살아온 환경과 돈에 대한 관점이 다른 두 사람이 만나
하나의 가계를 꾸려 간다는 건 생각보다 복잡한 일이다.
그래서 신혼 초기에 가장 먼저 해야 할 일은

공동의 재무 목표와 우선순위 정립이다.

- 우리는 언제쯤 내 집을 마련하고 싶은가?
- 자녀 계획이 있다면 언제쯤, 어떤 재무적 준비가 필요한가?
- 단기적으로는 무엇을 줄이고, 무엇을 누릴 것인가?

이러한 질문에 대해 함께 답을 찾는 과정은
곧 두 사람의 삶을 함께 설계하는 일이 된다.
목표가 선명해질수록 소비는 명확해지고, 저축은 의미를 갖는다.

2 신혼부부를 위한 재무 포트폴리오 구성

공동의 목표가 정해졌다면, 이제는 자산의 구체적 구조를 만들어야 한다.

추천 포트폴리오 구성 방식

항목	목적	방식
예금/적금	단기 지출 대비	이사, 혼수, 자녀 준비 등
투자 상품(ETF/펀드)	중·장기 자산 형성	월 적립식 구조, 위험 분산 중심
보장성 보험	갑작스러운 위험 대비	실손보험, 상해/사망 최소 설계
연금저축&IRP	노후 자산 마련+절세	부부 각각 가입, 자동 이체 구조
비상금 계좌	긴급 상황 대응	생활비 기준 2~3개월 확보

이 구조는 수익률 중심이 아니라 가정이라는 시스템의 안정성과 지

속 가능성에 초점을 둔다.

또한, 부부 각자의 성향을 고려하여

투자는 도전적인 한쪽이, 예산 관리는 신중한 쪽이 맡는 방식도 효과적이다.

3 재정 공유의 기술: 투명성과 존중

부부 재무 관리에서 갈등이 생기는 이유는 '돈' 때문이 아니다.
돈을 대하는 태도와 공유의 방식 때문이다.

- 한쪽은 "왜 이렇게 많이 썼어?"라고 따지고,
- 다른 한쪽은 "내가 번 돈인데 왜 간섭해?"라고 반응할 때,
  그 속에는 '불투명함'과 '불신'이 함께 자리 잡는다.

이 문제를 해결하는 첫걸음은
투명하게 열어 놓고, 명확하게 나누는 것이다.

- 생활비 계좌는 공동 사용
- 여가/취미 항목은 각자 예산 안에서 자유롭게 사용
- 저축과 투자 내역은 월 1회 혹은 3~6개월 1회 함께 점검

재정 공유의 핵심은 '통제'가 아니라 '존중'이다.
서로 다른 지출 방식을 이해하고, 조율하는 것이 부부가 함께할 수

있는 재무 관리의 시작이다.

4 신혼의 재무 위험을 다루는 전략

신혼기는 변화의 연속이다.
이직, 임신, 이사, 부모 지원 등 갑작스러운 지출이 반복된다.

따라서 안정적인 결혼 생활을 위해서는
위험을 분산하고, 유동성을 확보하는 전략이 반드시 필요하다.

- 최소 3개월 치 고정비 비상금 마련
- **보험 리스크 점검:** 중복 가입, 과보장 여부 확인
- 단기+중기+장기 목표별 자산 운용 계획 수립
- **정기적인 포트폴리오 점검:** 3개월~6개월 주기

이러한 전략은 부부 모두가 재무 구조에 능동적으로 참여할 때 더욱 강력한 힘을 가진다.

5 신혼 재무 관리의 핵심은 '속도'가 아니라 '방향'

같이 사는 것도, 같이 쓰는 것도 서툰 시기.
이 시기에 가장 많이 하는 실수가 '빨리 모으기'에 집착하는 것이다.

하지만 재무 관리에서 더 중요한 것은
얼마나 빨리 가는지가 아니라, 어디로 함께 가는지의 문제다.
- 남들과 비교하지 않고, 우리 부부만의 속도를 설정하고
- 소득 수준보다 소비 기준을 먼저 맞추고
- 결과보다 과정을 더 자주 나누는 것

결혼은 팀이 되어 가는 과정이고,
재무 관리는 그 팀이 오래 함께 가는 시스템이다.

지금 기억하고 싶은 문장이나 떠오른 생각,
나만의 실행 다짐을 자유롭게 적어보세요.

· 나의 마음 정리 ·

41. 신혼부부, 함께 준비하는 돈 이야기

42 은퇴를 준비하는 재무 설계 전략

은퇴를 앞둔 많은 이가 가장 먼저 던지는 질문은 "이 정도 자산이면 괜찮을까요?"이다. 그러나 그보다 선행되어야 할 것은 현재의 재정 상황을 정확히 인식하고, 남은 시간을 실질적인 준비의 시간으로 활용하려는 태도다.

자산이 충분하지 않더라도 시간을 확보하고 있다면, 그 시간은 절대 헛되이 보내서는 안 된다. 반대로 이미 은퇴한 상황이라면, 지금부터라도 100세 시대에 걸맞은 재무 구조를 새롭게 정비해 나가는 것이 중요하다.

이 시기 재무 설계의 핵심은 자산을 불리는 것이 아니라 지키는 데 있다. 자녀에게 과도한 경제적 지원을 하거나, 높은 수익률을 노리는 고위험 투자에 자산을 투입하는 행위는 은퇴 이후 삶의 안정성을 심각하게 해칠 수 있다.

또한 연금형 자산을 선택할 때 "조기에 사망하면 손해 아니냐."라는 우려로 망설이는 경우가 많다. 그러나 연금의 본질은 생존 기간 동안 소득을 안정적으로 보장해 주는 구조에 있다. 기준을 '사망 가능성'이 아닌 '생존 기간'으로 두는 것이 선택을 명확하게 한다.

즉, 은퇴 설계에서 가장 중요한 요소는 자산의 총액이 아니라, 소득의 구조와 지출의 흐름을 어떻게 조율하느냐이다.

1 고정 지출과 비정기 지출의 분리

은퇴 이후 재무 관리는 단순한 지출 절감이 아니라, 자산의 구조화를 통해 지속 가능성을 확보하는 작업이다.

고정 생활비는 국민연금, 퇴직연금, 월세 수입 등 안정적인 현금 흐름으로 충당한다.

비정기 지출인 의료비, 경조사비, 여행비 등은 사전에 예비 자산으로 분리해 마련해 둔다.

「6. 내 마음의 그릇」이 전하듯, 감정이 흔들릴수록 계획이 필요하다. 은퇴기에도 안정된 마음은 구조화된 재무 설계에서 비롯된다.

2 경제 변화에 유연하게 대응하는 포트폴리오 구성

「35. 완벽하지 않은 것이 완벽하다」에서도 강조했듯, 완벽한 포트폴리오는 존재하지 않는다. 특히 은퇴 이후에는 불확실성을 견디며 균형을 유지하는 구조가 중요하다.

예금, 채권, 배당주, 리츠 등으로 자산을 분산한다.

TDF, IRP 등 자동 리밸런싱 기능이 있는 상품을 일부 활용한다.

ISA 계좌는 은퇴 직전 개설하더라도 절세 도구로 유효하게 사용할 수 있다.

특히 은퇴 이후에는 주식 비중을 점진적으로 줄이고, 채권, 금, 글로벌 인프라 자산 등 비교적 안정적인 자산으로 구성 비율을 조정해야 한다. 회복의 시간이 제한되어 있으므로 손실 회피 전략이 우선되어야 한다.

3 연금 수령 시점과 세금 구조 설계

연금은 단일한 상품이 아니라 조합된 흐름이다. 공적 연금과 사적 연금을 통합적으로 고려하고, 수령 시기와 세금 구조를 함께 설계하는 것이 바람직하다.

- **국민연금:** 수령 시작을 65세에서 연기할 경우 최대 36% 수령액 증가
- **IRP/연금 저축:** 만 55세부터 수령 가능, 분리과세(3.3~5.5%) 적용
- **수령 전략:** 국민연금 + IRP/연금 저축 + 기타 자산의 조합이 이상적

'조기에 사망하면 손해'라는 관점은 생존을 기준으로 설계하는 연금의 본질과 어긋난다. 연금은 살아 있는 동안의 현금 흐름 보장을 목적으로 설계해야 한다. 「11. 저축을 하는 이유」처럼, 지금의 준비는 미래의 여유와 선택권을 위한 전략이다.

4 금융 사기 예방과 보험 점검

은퇴 이후 자산을 지켜 내는 것은 곧 삶을 지켜 내는 일이다. 「27. 평안함으로 가는 최악의 생각」에서도 언급했듯, 준비되지 않은 상태에서의 불안은 사기와 무계획의 문을 연다.

실손 의료 보험, 상해 보험 등 보장성 보험의 갱신 여부를 점검한다.

보이스 피싱, 유사 수신 등 은퇴자를 노리는 금융 사기 유형을 숙지한다.

금융 정보 위임장, 가족 간 암호 설정, 상속·증여 계획은 사후 정리가 아니라 미리 마련해 두는 구조의 일부로 본다.

5 구조화된 현금 흐름 점검 루틴 마련

「36. 행복은 균형이다」는 삶의 안정이 숫자가 아닌 구조에서 비롯된다고 전한다. 정기적으로 현금 흐름을 점검하는 루틴을 만들면 균형을 유지하는 데 도움이 된다.

예시로는 다음과 같은 흐름이 있다.

- 국민연금 + 임대 수익 → 생활비
- 채권 ETF + 배당주 → 여유 자금
- 예·적금 + CMA → 비상 예비금
- 실손 보험 + 장기 요양 보험 → 의료 대비
- 연금 저축 + IRP → 은퇴 후 10년 이상을 커버하는 소득 구조

「21. 얼마면 만족할까?」에서처럼, 핵심은 절대 금액이 아니라 나만의 기준을 설정하고 유지할 수 있는 힘이다.

6 은퇴 설계에 남기고 싶은 이야기

은퇴 설계는 일회성 도식이 아니라, 삶의 변화에 따라 조정 가능한 설계도이다. 지금 무엇을 줄일지가 아니라, 앞으로 무엇을 어떻게 활용할 수 있을지를 고민하는 것이 더 중요하다.

자산을 관리하는 데에는 감정보다 구조가 필요하고, 수익보다 지속 가능한 현금 흐름이 우선되어야 한다.

또한, 국내 자산에 국한하지 않고 글로벌 자산으로 분산할 경우 전체적인 포트폴리오 안정성을 더욱 높일 수 있다. 예를 들어, 글로벌 배당 ETF, 선진국 인프라 자산, 해외 채권 등은 유의미한 대안이 될 수 있다.

결국, 은퇴 후 삶이 안정되고 균형 있게 유지되기 위해서는 자산을 얼마나 쌓았는가보다, 그것을 얼마나 현명하게 배분하고 흘려보낼 수 있는가가 관건이다. 스스로의 구조를 설계하고 점검할 수 있는 힘이야말로 은퇴 준비의 핵심이다.

· 나의 마음 정리 ·

지금 기억하고 싶은 문장이나 떠오른 생각,
나만의 실행 다짐을 자유롭게 적어보세요.

43 균형 있는 마음과 지혜의 메시지

재무 관리는 예측의 싸움이 아니다.
마음을 다스리고 지혜롭게 실천하는 힘이다.

완벽한 포트폴리오는 존재하지 않는다.
중요한 것은 지금의 나에게 맞는 기준을 세우고, 그 기준을 반복적으로 실천하며 점차 다듬어 가는 과정이다.

이 책의 37편, 「실전 재테크 포트폴리오」는 단기 수익을 목적으로 한 구성이 아니다.
소액으로 시장에 참여해 보며, 분산과 균형의 의미를 이해하고, 기다림과 변동성 속에서 자신만의 기준을 구축해 나가는 훈련이다.

이 과정은 돈의 흐름을 분석하는 능력보다 감내할 수 있는 전략을 스스로 실천하는 태도를 기르는 데 목적이 있다.

경제를 이해한다는 것은 시황을 예측하거나 복잡한 분석을 반복하는 일이 아니다. 오히려 나의 상황을 직시하고, 감정에 휘둘리지 않으며, 감당 가능한 선택을 꾸준히 실천할 수 있는지를 점검하는 일이다.

이러한 훈련을 자녀와 함께할 수 있다면, 경제는 더 이상 '지식'이 아니라 '태도'로 전달될 수 있다.
선택하고 책임지는 자세, 계획하고 실천하는 습관은 책으로 배우기보다 일상에서 체득되어야 한다.

이 포트폴리오의 핵심은 수익률이 아니다.
경제를 바라보는 시선, 리스크를 인식하고 조율하는 감각, 그리고 스스로 판단하고 결정할 수 있는 내면의 기준이다.

완벽한 실천은 필요하지 않다. 작고 반복 가능한 실천을 통해 자신만의 기준과 전략을 완성해 가는 여정, 그 과정에 진짜 힘이 있다.

시장의 방향이 아닌 '나의 방향', 외부의 자극이 아닌 '내면의 기준'에 집중하는 태도야말로 진정한 재무 관리의 힘을 만들어 낸다.

'마음을 실천으로' 옮기는 이 여정은 단지 돈을 불리는 기술이 아니라, 삶을 주체적으로 설계하는 힘을 기르는 훈련이다.

다시 말해, 재무 설계란 결국 나다운 삶을 가능하게 하는 구조를 만들어 가는 일이다.

이 책의 첫 문장이 '마음을 여는 일'이었다면, 마지막 문장은 '경제적 자유를 향한 균형 있는 마음과 실천의 메시지'를 자신의 삶 안에 담아내는 일이다.

법륜 스님은 이렇게 말한다.

"지식이 없는 것을 '무식하다'라고 하고,
지혜가 없으면 '어리석다'라고 한다.
지식이 없으면, 손해 볼 일이 많고,
지혜가 없으면 괴로울 일이 많다.
지식이 있어서 이익을 얻을 수 있어도,
지혜가 없으면 인생이 괴롭다."

이 말처럼, 아무리 많은 지식을 쌓더라도 그것을 '내 삶에 맞게 적용할 수 있는 능력', 즉 지혜가 없다면 삶은 달라지지 않을 수 있다.

많은 이가 경제 교육이나 재무 관리 강의에서 높은 수익률, 빠른 투자법, 복잡한 금융 상품에 대한 지식을 기대한다.
그러나 실제로 삶을 변화시키는 힘은 복잡한 지식보다 '실행 가능한 방향'과 '자기 이해'에서 시작된다.

지식을 받아들이는 것에서 멈추지 않고, 그것을 삶에 적용하는 실천력, 나만의 경제적 판단 기준을 세우는 힘, 이것이 바로 지혜다.

작은 실천이 모여 각자의 삶을 주도적으로 운영할 수 있는 힘이 되기를 바란다.

그 여정은 이제, 각자의 시간 속에서 계속될 것이다.

지금 기억하고 싶은 문장이나 떠오른 생각,
나만의 실행 다짐을 자유롭게 적어보세요.

• 나의 마음 정리 •

에필로그

마음이 말할 때, 생각은 따뜻해진다

가끔은 마음보다 생각이 앞설 때가 있습니다.
논리로 감정을 누르고, 계산으로 모든 것을 이해하려고 애쓸 때도 있죠.
하지만 어떤 순간엔, 조용한 마음이 먼저 말을 걸어 옵니다.

"지금 이 선택이 나에게 평안한가?"
"내가 진심으로 원하는 방향은 무엇인가?"

이 책을 쓰는 동안, 나는 그런 마음의 소리에 조금 더 귀를 기울이게 되었습니다.
그 과정에서 나를 돌아보고, 내가 진심으로 원하는 방향을 하나씩 정리할 수 있었습니다.
그리고 알게 되었습니다.
마음이 이끄는 선택이 결국 나다운 삶을 만들어 간다는 것을.

우리는 모두 각자의 자리에서
삶의 균형을 지키고, 자신만의 자유를 찾아가는 길 위에 서 있습니다.
그 길에는 흔들림도 있고, 멈춤도 있으며,

그럼에도 다시 걸어가고자 하는 마음이 있습니다.

나는 믿습니다.
진짜 자유는 물질의 양이 아니라,
내 삶에 어울리는 선택을 할 수 있는 마음에서 비롯된다는 것을.
스스로를 신뢰하고, 지금의 나를 받아들이며,
내가 감당할 수 있는 속도로 나아갈 수 있을 때
우리는 비로소 자유로워집니다.

이 책의 마지막 장에는
그러한 마음을 구체적인 행동으로 옮기기 위한 도구를 조심스럽게 담아 두었습니다.
당신의 오늘뿐 아니라, 다음 세대의 내일에도
평온한 삶의 길이 이어지기를 바라는 마음으로요.

『마음으로 완성하는 경제적 자유』가
작은 한 걸음, 짧은 쉼표처럼 당신의 하루에 놓이기를 바랍니다.
가볍게 넘긴 한 문장이,
당신 마음속에 오랫동안 머무는 울림이 되기를.

흔들리는 순간마다
당신 안의 중심을 조용히 일으켜 주는 힘이 되기를.

그리고,
생각이 마음을 품고,
마음이 삶을 이끄는 하루가
당신에게도 다가가기를
나는 진심으로 응원합니다.

· 부록 1

ETF 종목 특징과 핵심 용어, 투자 계좌 비교

1 20개 종목별 특징

1) KODEX 200TR

- **한 줄 요약:** 코스피200 지수를 추종하며 배당금을 재투자해 복리 효과를 추구하는 대표적인 국내 ETF
- **자산 유형:** 국내 주식형 ETF
- **추종 지수/운용 방식:** KOSPI200 Total Return Index/TR(Total Return, 배당 재투자 방식)
- **배당 방식:** TR(재투자형, 배당금 자동 반영 → 과세 이연 가능)
- **투자 포인트:**
  - KOSPI200 지수는 국내 증시의 대형주 대표 200개 종목으로 구성되어 있어 시장 전반의 흐름을 반영
  - TR 방식은 배당금을 자동으로 재투자하여 장기적으로 복리 효과 기대 가능
  - 별도 분배금 수령 없이 세금 이연 효과까지 함께 누릴 수 있는 구조
- **유의할 점:**
  - 배당금이 현금으로 들어오지 않기 때문에 현금 흐름이 필요한 투자자에게는 적합하지 않을 수 있음
  - 코스피200 종목 대부분이 대형주 위주로 구성되어 있어 개별 종목에 비해

수익률이 다소 보수적일 수 있음

2) KODEX 미국S&P500(H)

- **한 줄 요약:** 미국 대표 주가지수에 투자하면서 환위험을 제거한, 분기 배당형 환헤지 ETF
- **자산 유형:** 해외 주식형 ETF
- **추종 지수/운용 방식:** 미국 S&P500 지수/환헤지형
- **배당 방식:** PR(Price Return, 일반 배당형, 연 4회)
- **환헤지 여부:** ○(헤지 적용)
- **투자 포인트:**
  - 미국 시가총액 상위 500개 대형주로 구성된 대표 지수를 추종, 글로벌 투자 포트폴리오의 핵심 구성 자산
  - 환헤지로 인해 원화 기준 수익률의 변동성을 줄일 수 있어, 환율 민감도가 높은 투자자에게 적합
  - 분기마다 배당이 발생해 일정한 현금 흐름을 확보할 수 있음
- **유의할 점:**
  - 환율 상승 시 환차익을 얻지 못하고, 오히려 헤지 비용이 수익률을 깎을 수 있음
  - 환헤지 방식은 장기적으로 유리하거나 불리할 수 있어, 투자자의 환율 전망과 투자 기간에 따라 전략 조정 필요

3) TIGER 인도니프티50

- **한 줄 요약:** 인도 대표 지수에 투자하는 고성장 신흥국 ETF, 분기 배당과 환헤

지 없는 구조
- **자산 유형:** 해외 주식형 ETF
- **추종 지수/운용 방식:** Nifty50 Index/환오픈(비헤지)
- **배당 방식:** PR(Price Return, 일반 배당형, 연 4회)
- **환헤지 여부:** X(비헤지, 환율 변동 영향 有)
- **투자 포인트:**
  - 인도 대표 50개 대형주에 분산 투자하여 인도의 경제 성장성과 소비 시장 확대의 수혜를 기대할 수 있음
  - 분기마다 배당이 지급되므로 일정한 현금 흐름 확보가 가능
  - 신흥국 가운데 상대적으로 안정적인 경제 구조와 성장 잠재력을 보유한 인도 시장에 직접 투자 가능
- **유의할 점:**
  - 환헤지가 없기 때문에 루피화 대비 원화 환율 변동에 따른 수익률 영향이 존재
  - 인도 시장 특유의 정치·금리 리스크, 그리고 글로벌 경기와의 연동성도 고려해야 함
  - 배당 수익률은 낮은 편이며, 성장을 중심으로 하는 장기 전략이 유리함

4) KODEX 차이나H

- **한 줄 요약:** 중국 본토 기업에 투자하는 홍콩 H지수 ETF, 환헤지 없는 이머징 리스크 자산
- **자산 유형:** 해외 주식형 ETF
- **추종 지수/운용 방식:** Hang Seng China Enterprises Index(H지수)/환오픈(비헤지)
- **배당 방식:** PR(Price Return, 일반 배당형, 연 2회)

- **환헤지 여부:** X(비헤지, 환율 변동 영향 有)
- **투자 포인트:**
    - 중국 본토 우량 기업 중 홍콩에 상장된 기업에 집중 투자(대표적으로 텐센트, 알리바바, 중국은행 등 포함)
    - 중국의 산업 성장, 인구 기반 소비 확대, 정부 정책 등 중장기 성장 모멘텀에 주목
    - 연 2회 배당으로 현금 흐름을 일부 확보 가능
- **유의할 점:**
    - 중국 정부의 규제 리스크, 지정학적 변수, 경기 둔화 등의 외부 충격에 민감
    - 비헤지 구조로 위안화-원화 환율에 따라 원화 기준 수익률 변동성 존재
    - 미국, 유럽 시장과는 다른 주가 흐름과 구조를 보이므로 분산 효과는 있으나 독립적인 리스크 관리가 필요

5) ACE 베트남VN30(합성)

- **한 줄 요약:** 베트남 대표 지수에 투자하는 합성 ETF, 고성장 기대 신흥국 자산
- **자산 유형:** 해외 주식형 ETF
- **추종 지수/운용 방식:** VN30 Index(베트남 호치민 거래소 상위 30개 종목)/합성 ETF(Total Return Swap 방식)
- **배당 방식:** PR(Price Return, 일반 배당형)
- **환헤지 여부:** X(비헤지, 환율 변동 영향 有)
- **투자 포인트:**
    - 베트남 경제는 높은 인구 증가율, 외국인 직접 투자 확대, 산업화 진전 등으로 장기적 성장 가능성이 높음

- VN30은 금융, 소비, 부동산 중심의 대형주로 구성되어 있어 성장성과 안정성을 동시에 추구
- 저가 매수 전략이나 신흥국 비중 확장을 원하는 투자자에게 적합
- **유의할 점:**
  - 합성 ETF 구조로 실제 주식이 아닌 스왑 계약을 기반으로 운용되므로, 거래 상대방 리스크 존재
  - 베트남 동화 환율 변동에 따른 수익률 영향에 유의
  - 신흥국 특성상 유동성, 정치 안정성, 회계 투명성 등의 리스크도 고려해야 함

6) TIGER 일본니케이225

- **한 줄 요약:** 일본 대표 니케이225 지수에 투자하는 ETF, 선진국 분산 투자자에게 적합
- **자산 유형:** 해외 주식형 ETF
- **추종 지수/운용 방식:** Nikkei 225 Index/현물 추종, 환오픈(비헤지)
- **배당 방식:** PR(Price Return, 일반 배당형)
- **환헤지 여부:** X (비헤지, 환율 변동 영향 有)
- **투자 포인트:**
  - 니케이225는 일본 도쿄 거래소 1부 상장 대형주로 구성된 전통적 대표 지수로, 제조업·수출주 중심
  - 최근 일본의 통화 정책 변화, 엔저 기조, 기업 지배 구조 개선 등이 외국인 투자 확대 요인으로 작용
  - 선진국 내에서도 독립적 시장 흐름을 보이는 일본 시장은 글로벌 포트폴리오 내 분산 효과가 있음

- **유의할 점:**
    - 환헤지 미적용으로 엔화-원화 환율에 따라 원화 기준 수익률 변동성 존재
    - 일본 시장은 장기적으로 낮은 성장률과 인구 구조 변화로 인한 구조적 한계도 존재
    - 배당금은 지급되지만, 일반 배당형 PR 구조로 금액이나 시점이 유동적일 수 있음

7) 맥쿼리인프라

- **한 줄 요약:** 도로, 항만 등 인프라 자산에 투자하는 안정적 수익형 펀드, 대표적인 배당주
- **자산 유형:** 국내 인프라 펀드(상장 리츠형 유사 구조)
- **추종 지수/운용 방식:** 실물 인프라 자산 기반 직접 운용(도로, 항만 등 민자 사업 투자)
- **배당 방식:** 반기 배당(연 2회)
- **환헤지 여부:** 해당 없음(국내 자산)
- **투자 포인트:**
    - 국내 인프라 자산에 장기적으로 투자하며, 안정적인 현금 흐름을 바탕으로 정기적인 배당을 제공
    - 대표적인 인컴형 자산으로 퇴직자·은퇴 준비자 등 안정적 수익을 선호하는 투자자에게 적합
    - 금리와 무관하게 일정한 수익 구조를 유지하며, 변동성이 낮은 편
- **유의할 점:**
    - 배당 성격이 강한 만큼, 주가 상승보다는 안정적 분배금에 초점이 맞춰짐
    - 민자 사업 관련 정책 변화나 수익 구조 조정 시 실적에 영향 가능

- 유동성은 일반 주식 대비 낮은 편으로 대량 매매 시 유의 필요

8) RISE 글로벌리얼티인컴

- **한 줄 요약:** 글로벌 리츠(부동산 인프라)에 월배당으로 투자하는 인컴형 ETF
- **자산 유형:** 글로벌 리츠 및 인프라형 ETF
- **추종 지수/운용 방식:** 글로벌 상장 리츠 및 인프라 자산에 분산 투자/펀드 재간접형
- **배당 방식:** 월배당
- **환헤지 여부:** X(비헤지, 환율 변동 영향 有)
- **투자 포인트:**
    - 미국·캐나다·호주 등 선진국의 리츠 및 인프라 기업에 분산 투자하여 안정적 수익 추구
    - 월별로 배당이 지급돼 현금 흐름 확보가 필요한 투자자(은퇴자, 생활비 투자자)에게 적합
    - 글로벌 인프라 수요 증가와 고정 수익 기반 자산의 조합으로 금리 변동기에도 일정 방어 가능
    - 맥쿼리인프라와 유사한 자산 구조를 일부 포함하며, 리스크 분산 측면에서도 보완적 역할 수행
- **유의할 점:**
    - 환헤지가 적용되지 않아 환율 변동에 따른 수익률 영향 존재
    - 리츠 자산 특성상 금리 인상기에 민감하게 반응할 수 있으며, 분배금 감소 가능성 있음
    - 리츠는 법인세 면제를 위해 일정 비율 이상 배당 의무가 있으나, 부동산 경기

하락 시 자산 가치 하락 위험 있음

9) PLUS K방산

- **한 줄 요약:** 국내 대표 방위 산업 기업에 집중 투자하는 테마형 ETF, 성장성과 정책 수혜를 함께 노림
- **자산 유형:** 국내 주식형 ETF(테마형)
- **추종 지수/운용 방식:** FnGuide K방산지수/현물 추종
- **배당 방식:** PR(Price Return, 일반 배당형, 연 4회)
- **환헤지 여부:** 해당 없음(국내 자산)
- **투자 포인트:**
  - 방위 산업 관련 기업(한화에어로스페이스, LIG넥스원 등)에 집중 투자하여 국방 산업 성장성과 수출 확대 수혜 기대
  - 지정학적 리스크 및 국방 예산 확대가 장기적인 수요 증가 요인으로 작용
  - 분기 배당을 통해 일정 수준의 인컴도 확보 가능
  - 국방 기술, 미사일·우주 산업 등 전략 산업에 대한 정부 및 글로벌 관심이 높아지는 추세 반영
- **유의할 점:**
  - 산업 특성상 수주 기반의 실적 변동성이 크며, 특정 기업에 대한 의존도가 높을 수 있음
  - 방산은 정치·외교 상황에 따라 주가 급등락이 가능하므로 단기 변동성에 유의
  - 테마형 ETF 특성상 전체 시장과 비동조화될 수 있으며, 분산 효과는 제한적일 수 있음

10) TIGER 글로벌AI&로보틱스 INDXX

- **한 줄 요약:** 인공 지능과 로보틱스 핵심 기업에 글로벌 분산 투자하는 테마형 성장 ETF
- **자산 유형:** 해외 주식형 ETF(테마형)
- **추종 지수/운용 방식:** INDXX Global Robotics&Artificial Intelligence Thematic Index/NTR(Net Total Return, 과세 후 재투자형)
- **배당 방식:** NTR(과세 후 자동 재투자, 배당금 지급 없음)
- **환헤지 여부:** X(비헤지, 환율 변동 영향 有)
- **투자 포인트:**
  - 글로벌 AI 및 로봇 산업에 관련된 기업에 집중 투자하여 4차 산업혁명 수혜 가능
  - 주요 구성 종목에는 NVIDIA, Intuitive Surgical, Keyence 등 기술·산업 융합을 이끄는 선도 기업 포함
  - 배당금을 직접 수령하지 않고 자동 재투자됨으로써 복리 효과를 추구하며 과세도 자동 처리됨
  - 미래 산업 변화에 따른 장기 성장성을 목표로 하는 테마 투자에 적합
- **유의할 점:**
  - 고성장 섹터 특성상 주가 변동성이 크며, 단기 조정 폭이 클 수 있음
  - 환헤지 미적용으로 글로벌 환율 특히 달러 강세/약세에 따른 영향 존재
  - 배당 수익이 없기 때문에 현금 흐름 중심 투자자에게는 적합하지 않음

11) KODEX 골드선물(H)

- **한 줄 요약:** 금 가격에 직접 연동되는 환헤지형 ETF로, 인플레이션 헷지와 안전

자산 수요 대응에 적합
- **자산 유형:** 원자재 ETF(선물형)
- **추종 지수/운용 방식:** S&P GSCI Gold Total Return Index/금 선물 계약에 투자
- **배당 방식:** 없음
- **환헤지 여부:** ○(헤지 적용, 환율 변동 영향 최소화)
- **투자 포인트:**
  - 실물 금이 아닌 '금 선물 가격'에 투자하므로 금값 상승 시 유사한 수익 구조
  - 환헤지 적용으로 금 자체의 가격 흐름에 더 집중할 수 있어 원자재 순수 노출 전략에 적합
  - 경기 불안기, 인플레이션 우려, 달러 약세 시 수요가 늘어나는 대표적 안전자산 ETF
  - 증권 계좌로 금에 투자할 수 있는 간편한 접근성
- **유의할 점:**
  - 실물 금이 아닌 선물 가격을 추종하므로 롤오버 비용 발생 가능
  - 배당이 없어 인컴 수익은 전혀 없음
  - 금은 이자나 현금 흐름을 창출하지 않기 때문에 장기 보유 시 기회비용 고려 필요
  - 환헤지가 적용되지만, 헤지 비용 또는 전략에 따라 수익률 차이가 생길 수 있음

12) KODEX 3대농산물선물(H)

- **한 줄 요약:** 옥수수·대두·밀 가격에 분산 투자하는 환헤지형 농산물 원자재 ETF
- **자산 유형:** 원자재 ETF(선물형)
- **추종 지수/운용 방식:** S&P GSCI Grains Index/농산물 선물 계약 기반

- **배당 방식:** 없음
- **환헤지 여부:** ○(헤지 적용, 환율 변동 영향 최소화)
- **투자 포인트:**
  - 글로벌 곡물 가격(옥수수, 대두, 밀 등) 움직임에 투자하며, 인플레이션 및 공급망 이슈 대응 수단으로 활용
  - 원자재 시장 내에서도 소비 필수재에 해당하는 농산물은 구조적 수요가 지속됨
  - 실물 보유가 아닌 선물 계약에 투자하므로 시장 접근성이 높고, 증권 계좌 내 편리한 매매 가능
  - 환헤지가 적용되어 곡물 가격 자체 흐름에 집중한 투자 전략 가능
- **유의할 점:**
  - 선물 구조상 롤오버 비용 및 콘탱고/백워데이션 구조에 따른 괴리율 발생 가능
  - 배당이나 이자 수익은 전혀 없으며, 자산 가치의 상승에만 수익이 의존함
  - 단기 가격 급등락에 민감하며, 기후·전쟁·국제 정세 등의 외부 변수에 크게 반응할 수 있음
  - 원자재 ETF는 장기보다는 특정 시점의 전략적 분산 투자에 활용하는 것이 일반적임

13) TIGER 미국배당다우존스

- **한 줄 요약:** 미국 고배당 우량주에 투자하며 월배당을 제공하는 대표 인컴형 해외 ETF
- **자산 유형:** 해외 주식형 ETF(배당 성장주 중심)
- **추종 지수/운용 방식:** Dow Jones U.S. Dividend 100 Index/현물 추종, 환오픈(비헤지)

- **배당 방식:** 월배당
- **환헤지 여부:** X (비헤지, 환율 변동 영향 有)
- **투자 포인트:**
  - 미국 내 안정적이고 꾸준한 배당을 실시해 온 100개 종목에 투자하며 배당 지속성과 기업 안정성을 중시
  - 매월 배당을 지급하여 정기적인 현금 흐름을 원하는 투자자에게 적합
  - 글로벌 인컴 포트폴리오의 핵심 구성 자산으로 활용 가능
  - 장기적으로 배당 성향이 높은 기업은 하락장에서 방어력이 강한 편
- **유의할 점:**
  - 환헤지가 적용되지 않아 달러-원 환율 변화에 따른 수익률 변동 존재
  - 고배당주 중심이므로 주가 상승보다는 배당 위주의 수익 구조에 초점
  - 미국의 배당세 및 국내 과세 체계상 실질 배당 수익률이 예상보다 낮을 수 있음
  - 종목 교체 주기와 지수 리밸런싱에 따라 수익률에 영향 발생 가능

14) TIGER 미국배당다우존스타겟커버드콜2호

- **한 줄 요약:** 고배당 미국 주식에 커버드콜 전략을 더해 월배당을 강화한 인컴 특화형 ETF
- **자산 유형:** 해외 주식+파생 혼합형 ETF
- **추종 전략/운용 방식:** 미국 고배당주 지수+커버드콜 옵션 매도 전략/환오픈 (비헤지)
- **배당 방식:** 월배당
- **환헤지 여부:** X (비헤지, 환율 변동 영향 有)
- **투자 포인트:**
  - 미국 고배당 주식에 투자하면서, 동시에 콜옵션을 매도해 옵션 프리미엄을

수익화하는 커버드콜 전략을 병행
- 주가가 횡보하거나 약세일 때 안정적인 수익 구조 형성
- 매월 배당을 지급하여 생활비성 인컴 수익을 선호하는 투자자에게 적합
- 변동성이 높은 시장 환경에서도 일정 수익률 확보 전략으로 활용 가능
- **유의할 점:**
  - 주가가 급등할 경우 콜옵션 매도에 따라 상승 수익은 제한됨(상한 수익 구조)
  - 환헤지가 없기 때문에 환율 변동 시 수익률에 큰 영향을 받을 수 있음
  - 커버드콜 전략 특성상 기초 자산 주가가 상승할수록 기회비용이 커짐
  - 배당과 옵션 수익이 복합되어 세금 구조가 다소 복잡할 수 있음

15) RISE TDF2050액티브

- **한 줄 요약:** 은퇴 시점에 맞춰 자산 비중을 자동 조절하는 글로벌 자산 배분형 TDF, 장기 투자에 적합
- **자산 유형:** 혼합형 펀드(글로벌 자산 배분형 TDF: Target Date Fund)
- **운용 전략/방식:** 2050년을 목표 은퇴 시점으로 설정하고, 시간이 지남에 따라 주식 비중을 점진적으로 줄이며 채권 비중을 확대하는 생애 주기 전략/펀드 재간접형
- **배당 방식:** 재투자형(TR)
- **환헤지 여부:** 혼합 구조(주요 펀드별 환헤지 여부 상이, 일반적으로 일부 환오픈 포함)
- **투자 포인트:**
  - 2050년을 은퇴 시점으로 가정하여 자동으로 위험 자산과 안전 자산의 비중을 조절
  - 다양한 글로벌 펀드에 분산 투자하여 주식·채권·대체 자산을 통합적으로 운용

- 투자자가 별도로 비중 조절을 하지 않아도 되므로 장기 연금 투자, DC형 퇴직연금, 개인연금 등에 적합
- 일반 ETF 대비 변동성이 낮고, 투자 피로도가 적은 구조
- 동일한 구조의 TDF2030, 2040, 2060 등과 비교하여 선택 가능
  → 숫자는 은퇴 목표 시점(연도)을 의미하며, 시점이 가까울수록 주식 비중이 적고 채권 중심의 안정적인 운용
  → 예: 2030형은 5~10년 내 은퇴 예정자에게, 2050형은 20년 이상 장기 투자자에게 적합

- **유의할 점:**
  - 단기 수익률보다는 장기 성과를 지향하므로 중도 환매에는 적합하지 않음
  - 재간접 펀드 구조 특성상 수수료가 다소 높을 수 있으며, 구성 펀드별 환율 및 자산 운용 방식에 따라 수익률 차이 존재
  - TDF의 목표 연도에 가까워질수록 주식 비중은 줄고 채권 비중이 높아져 기대 수익률도 점차 낮아질 수 있음

16) TIGER 글로벌멀티에셋TIF액티브

- **한 줄 요약:** 글로벌 주식과 채권에 분산 투자하며 월배당을 제공하는 혼합형 인컴 ETF
- **자산 유형:** 혼합형 ETF(TIF: Target Income Fund)
- **운용 전략/방식:** 글로벌 채권 60%+글로벌 주식 40% 수준으로 자산 배분/액티브 운용
- **배당 방식:** 월배당
- **환헤지 여부:** X(비헤지, 환율 변동 영향 有)

- **투자 포인트:**
  - 안정성과 수익성을 동시에 추구하는 다자산 ETF로, 글로벌 주요 자산에 분산 투자
  - 월배당을 통해 정기적인 인컴 수익을 확보할 수 있어 퇴직자 및 생활비 중심 투자자에게 적합
  - TIF는 일정 수익(인컴)을 목표로 구성된 전략형 상품으로, 급격한 시장 변화에도 완충 기능 수행
  - 채권 중심의 포트폴리오를 유지하면서 주식으로 추가 수익을 노리는 구조
- **유의할 점:**
  - 비헤지 구조이므로 환율 변동성에 따른 수익률 영향 존재
  - 액티브 전략으로 운용되기 때문에 운용 성과에 따라 수익률 차이가 클 수 있음
  - 시장 급변기에는 구성 자산 비중이 급격히 조정될 수 있어 단기 투자자에게는 부적합
  - 분배금이 매월 발생하지만, 실질 배당 수익률은 시장 상황에 따라 달라질 수 있음

17) TIGER CD금리투자KIS(합성)

- **한 줄 요약:** CD(양도성예금증서) 금리에 연동되는 초단기형 ETF, 파킹 통장 대체 상품
- **자산 유형:** 단기 금리형 ETF(현금성 자산)
- **추종 지수/운용 방식:** KIS CD금리(91일물) 지수/합성 ETF(Total Return Swap 방식)
- **배당 방식:** 없음
- **환헤지 여부:** 해당 없음(국내 자산)

- **투자 포인트:**
    - 시중 은행의 CD(양도성예금증서) 91일물 금리에 수익률이 연동되며, 예·적금 수준의 안정성 제공
    - 실질적으로 예치나 환매 제약이 없어 현금 대기 자금(파킹 자금) 운용에 적합
    - 금리가 상승할 경우 수익률도 그에 맞춰 상승하는 구조로, 금리 민감도가 높은 시장에 유리
    - 펀드 자산이 1일 단위로 평가되어 CMA 또는 MMF 대체 수단으로 활용 가능
- **유의할 점:**
    - 고정 수익률 상품이 아니며, CD금리 변동에 따라 수익률도 실시간 조정됨
    - 합성 ETF 구조로 인해 거래 상대방 리스크가 존재하나, 매우 낮은 수준으로 관리됨
    - 배당이나 분배금이 없기 때문에 현금 유입이 필요한 투자자에게는 부적합
    - 단기 수익률은 낮은 편이나, 장기 투자용이 아닌 유동성 관리 목적에 적합함

18) RISE 중기우량회사채

- **한 줄 요약:** 국내 A 등급 이상 회사채에 투자하며 월분배금을 지급하는 안정적인 채권형 ETF
- **자산 유형:** 국내 채권형 ETF(중기 회사채 중심)
- **운용 전략/방식:** 국내 우량 회사채(주로 A 등급 이상) 중심 포트폴리오/현물 운용
- **배당 방식:** 월분배금(연 12회)
- **환헤지 여부:** 해당 없음(국내 자산)
- **투자 포인트:**
    - 국채 대비 높은 수익률을 제공하는 A 등급 이상 회사채에 투자하여 안정성과

수익성을 동시에 추구
  - 매월 분배금이 지급되어 고정적 현금 흐름을 원하는 투자자(퇴직자, 인컴 투자자)에게 적합
  - 만기 구조가 3~5년 수준의 중기 회사채 중심이어서 금리 변화에 적당히 대응하면서도 수익률 유지 가능
  - 국내 기업의 신용 리스크를 잘 관리한 채권들로 구성되어 있어 비교적 낮은 변동성
- **유의할 점:**
  - 채권 금리 하락 시 자본 이익 가능성이 있으나, 반대로 금리 상승기에는 평가 손실 발생 가능
  - 기업 신용 등급 하락, 혹은 채무 불이행 등의 개별 리스크 발생 가능성 존재
  - 분배금은 매월 지급되나, 금액은 일정하지 않고 시장 금리 및 포트폴리오 변경에 따라 달라질 수 있음
  - 금리 방향성과 기업 신용 상황에 따라 투자 판단이 필요

19) KODEX iShares 미국하이일드액티브

- **한 줄 요약:** 미국의 고수익(하이일드) 채권에 투자하여 월분배금을 지급하는 고위험·고수익형 ETF
- **자산 유형:** 해외 채권형 ETF(하이일드 회사채 중심)
- **운용 전략/방식:** 미국 iShares 하이일드 액티브 펀드에 투자하는 재간접 구조/액티브 운용
- **배당 방식:** 월분배금(연 12회)
- **환헤지 여부:** X(비헤지, 환율 변동 영향 有)

- **투자 포인트:**
    - 투자등급 미만(BB+ 이하)의 고수익 채권에 집중하여 비교적 높은 인컴 수익을 추구
    - 월별로 분배금을 지급하여 정기적인 현금 흐름이 필요한 투자자에게 매력적
    - 미국 금리 수준과 연동되어 고금리 환경에서는 유리한 수익률 구조를 가짐
    - iShares(BlackRock)의 액티브 운용 전략을 통해 신용 리스크를 종합적으로 관리
- **유의할 점:**
    - 하이일드 채권은 신용 등급이 낮은 기업의 채권이므로 채무 불이행(디폴트) 가능성이 상대적으로 높음
    - 금리 상승기에는 가격 하락 위험이 존재하며, 환율 변동에 따라 원화 기준 수익률에 영향
    - 재간접 ETF이므로 수수료 구조가 일반 ETF에 비해 다소 높을 수 있음
    - 월분배금 지급은 보장되지 않으며, 시장 상황에 따라 금액이 변동될 수 있음

20) TIGER 미국30년국채커버드콜액티브(H)

- **한 줄 요약:** 미국 30년 만기 국채에 커버드콜 전략을 결합한 환헤지형 월배당 인컴 ETF
- **자산 유형:** 해외 채권+파생 혼합형 ETF
- **운용 전략/방식:** 미국 30년 만기 국채 ETF에 투자+콜옵션 매도를 통한 커버드콜 전략/환헤지형
- **배당 방식:** 월분배금(연 12회)
- **환헤지 여부:** ○(헤지 적용)

- **투자 포인트:**
  - 장기 미국 국채의 안정적인 이자 수익에 커버드콜 전략(콜옵션 매도)을 통해 인컴을 추가 확보
  - 환헤지를 통해 환율 변동 리스크를 제거한 구조로 원화 기준 수익률의 안정성이 높음
  - 월배당 제공으로 일정한 현금 흐름이 필요한 투자자(퇴직자, 정기 인출형 투자자)에게 유용
  - 금리 하락기에는 국채 평가 이익, 횡보장에서는 옵션 프리미엄 수익으로 수익원 다변화 가능
- **유의할 점:**
  - 금리 상승 시 국채 가격 하락으로 자본 손실 위험 존재
  - 커버드콜 전략으로 인해 상승장에서 수익 상한이 제한될 수 있음
  - 환헤지가 적용되므로 환차익 기대는 어려우며, 헤지 비용에 따라 수익률이 조정될 수 있음
  - 고정 배당이 아닌 만큼 분배금 수준은 시장 상황과 운용 전략에 따라 변동 가능

2 투자 용어 설명

1) 환헤지(Currency Hedge)

해외 자산에 투자할 때 발생할 수 있는 환율 변동 위험을 줄이기 위한 장치입니다. 예를 들어 미국 자산에 투자할 때 환헤지를 하면, 원/달러 환율이 급등하거나 급락해도 수익률이 크게 흔들리지 않도록 만들어 줍니다. 다만 환차익은 기대할 수 없고, 일정한 비용이 발생합니다.

2) 비헤지(Non-Hedge)

환율을 그대로 노출하는 방식입니다. 환율이 오르면(원화 약세) 수익이 늘어나고, 내리면(원화 강세) 손실로 이어질 수 있습니다. 환율 흐름에 따라 수익률이 더 크게 변동합니다.

3) 콜옵션(Call Option)

특정 자산을 미리 정해진 가격에 살 수 있는 권리입니다. 투자에서는 이 권리를 '팔아서' 수수료(프리미엄)를 받는 방식이 자주 사용됩니다. 즉, 일정한 수익을 확보하기 위해 수익 상한을 제한하는 전략에 활용됩니다.

4) 커버드콜(Covered Call)

보유 중인 주식(또는 ETF)을 기반으로 콜옵션을 매도하여, 옵션 수익(프리미엄)을 추가로 얻는 전략입니다. 장점은 일정한 인컴 수익을 확보할 수 있다는 것이고, 단점은 주가가 많이 오를 경우 그 상승 수익을 모두 누릴 수 없다는 점입니다.

5) 합성 ETF(Synthetic ETF)

실제 자산을 직접 보유하지 않고, 금융 기관과 맺은 계약(Total Return Swap)을 통해 목표 수익률을 추구하는 ETF입니다. 구조는 복잡하지만, 투자 대상이 직접 접근하기 어려운 경우(예: 베트남, 인도 등 신흥국) 활용됩니다. 거래 상대방 리스크가 존재하지만, 일반적으로 안정적으로 관리됩니다.

6) TR 방식(Total Return)

배당금을 따로 현금으로 주지 않고, ETF 내에서 자동으로 재투자하는 방식입니다. 장기적으로는 복리 효과를 기대할 수 있으며, 과세 시점이 이연되기 때문에 세금 측면에서도 유리할 수 있습니다.

7) PR 방식(Price Return)

배당금을 투자자에게 현금으로 지급하는 일반적인 방식입니다. 배당 수익을 생활비로 쓰거나, 현금 흐름 확보를 원하는 투자자에게 적합합니다.

8) 재간접 투자(Fund of Funds, Indirect Investment)

ETF나 펀드가 다른 ETF나 펀드에 투자하는 구조입니다. 다양한 자산에 손쉽게 분산 투자할 수 있지만, 중첩된 수수료가 발생할 수 있어 총비용은 일반 ETF보다 높을 수 있습니다.

9) TDF(Target Date Fund)

은퇴 시점을 기준으로 자산 배분이 자동으로 조정되는 펀드입니다. 예를 들어 'TDF2050'은 2050년을 은퇴 시점으로 가정하고, 그에 따라 위험 자산(주식) 비중은 줄이고 안전 자산(채권) 비중은 점점 늘려 갑니다.

10) TIF(Target Income Fund)

일정한 '인컴 수익(배당, 이자 등)'을 목표로 설계된 펀드입니다. 안정적인 현금 흐름을 원하는 투자자를 위해, 다양한 자산에 분산 투자하면서 월배당 등의 구조를 갖추고 있습니다.

3 절세 계좌 비교

포트폴리오를 구성할 때는 단순히 어떤 종목에 투자할지를 넘어서, 어떤 계좌에 담아 투자할 것인지도 매우 중요합니다.
같은 종목이라도 계좌의 종류에 따라 세금과 혜택이 달라지기 때문입니다.
아래는 대표적인 투자 계좌들의 특징과 선택 기준입니다.

1) 일반 주식 계좌

- **과세 방식:** 수익(양도 차익, 배당 등)에 대해 과세
  (예: 해외 주식은 양도 차익 과세, 국내 ETF는 분배금에 배당소득세 적용)
- 국내 상장 주식의 매매 차익은 현재 비과세(단, 대주주 요건 충족 시 과세), 배당소득은 과세됨
- **투자 목적:** 단기 매매, 고위험·고수익 추구, 자유로운 투자
- **특징:** 제약 없이 누구나 쉽게 개설 가능. 세금 혜택은 없음

2) ISA(개인종합자산관리계좌)

- **과세 방식:** 일정 한도까지 비과세, 초과분은 저율(9.9%) 분리 과세
- **비과세 한도:** 일반형 200만 원, 서민형·농어민형 400만 원

  (이자·배당·양도 차익 합산 기준, 초과분은 9.9% 분리 과세)
- **투자 목적:** 중장기 자산 형성, 비과세 혜택 활용
- **ISA 유형:**
  - 신탁형: 금융사가 운용
  - 일임형: 자문사 전략에 따라 운용
  - 중개형: 투자자가 직접 주식과 ETF 매매 가능(추천)
- **특징:**
  - 예금, 펀드, ETF 등을 한 계좌에서 통합 운용 가능
  - 중개형 ISA는 국내 주식과 ETF를 직접 투자할 수 있어 활용도가 높고, 실전 포트폴리오 구성에 가장 적합
  - 계좌 유지 3년 이상 시 비과세 및 분리 과세 적용됨

3) 연금 저축 계좌

- **과세 방식:**
  - 납입 시 세액 공제 혜택(연 최대 600만 원 한도)
  - 55세 이후 연금 수령 시 연금소득세(3.3~5.5%)
- **투자 목적:** 노후 준비, 장기 투자
- **특징:**
  - ETF, 펀드, 예금 등 다양한 상품에 투자 가능

- 중도 인출 시 기타소득세 16.5% 부과 등 불이익 발생
- 세액 공제 혜택과 세율 우대가 결합된 가성비 높은 노후 투자 계좌

4) IRP(개인형 퇴직연금)

- **과세 방식:**
  - 납입 시 세액 공제 혜택(연 최대 900만 원까지, 단 연금저축 포함 합산 기준)
  - 수령 시 연금소득세 부과
  - 투자 목적: 퇴직 이후 노후 대비, 장기 자산 관리
- **특징:**
  - 퇴직금 수령 계좌 또는 개인 납입 가능
  - 연금저축보다 운용 제한이 있으나, 동일한 세제 혜택 제공
  - 안전 자산(예금, 채권 등) 30% 이상 의무 유지

5) 계좌 선택 시 고려할 점

✓ 단기/중기 자산 형성 → 일반 주식 계좌 또는 ISA
✓ 세금 절감 + 노후 준비 → 연금 저축 계좌, IRP
✓ 투자 선택이 유연한 계좌 → 중개형 ISA 또는 일반 계좌
✓ 장기 투자와 세제 혜택의 균형 → ISA와 연금 계좌를 병행

※ 연금 저축 계좌(최대 600만 원)와 IRP(최대 900만 원)의 세액 공제 한도는 합산 900만 원까지입니다.

예: 연금 저축 600만 원 + IRP 300만 원 = 세액 공제 최대치 충족.

· 부록 2

삶을 이해하는 경제적 시선

『마음으로 완성하는 경제적 자유』에 담긴 이야기들은 숫자나 이론이 아니라, 삶과 마음의 흐름 안에서 경제를 바라보려는 시도였다.

이 부록은 각 글에 내재된 경제 개념과 현실적인 재무 요소를 연결하여 정리한 것이다.
행동경제학, 정보 비대칭 이론, 생애 주기 이론, 시장 균형 이론처럼 전통적이고 공식적인 경제학 이론을 기반으로 하되, 감정경제학과 경제심리학처럼 현대 경제학이 확장해 온 심리적 요소도 함께 담았다.

이를 통해 경제라는 언어가 단순한 숫자 나열이 아니라, 우리가 살아가는 일상과 긴밀히 연결된 이야기임을 보여 주고자 한다.

삶의 균형을 지키면서 현명한 경제적 선택을 이어 가고자 하는 독자들에게, 이 부록이 작은 나침반이 되기를 바란다.

경제 개념	적용된 글(번호+제목)	주요 재무 요소
행동경제학 (Behavioral Economics)	1. 시작하지 못하는 마음 5. 긍정적인 생각에 대한 오해 7. 마음은 달라질 수 있다 16. 여행 후에 모임이 깨지는 이유 17. 투자의 일반화 오류 23. 기다릴 줄 아는 마음 30. 캠핑하기 적당한 날을 추천합니다	초기 재무 행동 실행 장기 목표 지속 계획 유연성 확보 투자 편향 경계 복리 효과 체험 시장 변동 수용 자기 기준 오류 인식
소비경제학 (Consumption Economics)	2. 지면과 더 가까운 시선	소비 패턴 관찰 및 합리적 소비 습관 형성
리스크 관리 이론 (Risk Management Theory)	3. 그림 속, 중학생의 마음 6. 내 마음의 그릇 14. 준비된 사춘기 27. 평안함으로 가는 최악의 생각	금융 리스크 초기 경험 시장 변동성 수용 청소년 금융 교육 긴급 자금 준비
정보 비대칭 이론 (Information Asymmetry Theory)	4. 사실이 진실은 아닐 수 있다 28. 검찰에서 전해 온 친구 소식	금융 정보 검증 능력 금융 사기 대응, 가족 금융 보안 체계 마련
감정경제학 (Emotional Economics)	16. 여행 후에 모임이 깨지는 이유 18. 기억을 그리는 마음들	감정 기반 가치 인식, 경제적 자산 관리 시 감성 고려
경제심리학 (Psychology of Economics)	10. 그림 속에 남은 말의 흔적 6부. 마음을 실천으로	사회적 신뢰 자본 관리 재무 행동 실천력 강화
가계경제학 (Household Economics)	8. 결혼이란, 서로 다름의 미학이다	부부 재무 통합 계획 수립
노동경제학 (Labor Economics)	9. 어른이 된 아이	경제적 자립 준비 및 초기 자산 형성 전략
저축 이론 (Saving Theory)	11. 저축을 하는 이유	비상 자금 마련, 선택지 확대를 위한 저축 습관

경제 개념	적용된 글(번호+제목)	주요 재무 요소
성과경제학 (Performance Economics)	12. 태양을 바라보며 뛰는 사람	투자 목표 설정 및 성과 기반 계획 수립
인적 자본 이론 (Human Capital Theory)	13. 지식의 도구와 기회	자기 계발 투자, 금융 지식 축적 통한 소득 상승
부의 분포 이론 (Wealth Distribution Theory)	15. 부자들의 공통점은 생각에 있다	장기 복리 투자 습관, 자산 축적 행동 강화
장기 투자 이론 (Long-Term Investment Theory)	19. 재테크는 욕심이 아니라, 성실함이다 25. 게으른 투자자의 반전	소액 장기 저축과 투자 습관화 장기 저비용 ETF 투자 실천
기회비용 이론 (Opportunity Cost Theory)	20. 포기한 것의 가치 34. 현명함과 무모함의 차이	소비·투자 의사 결정 시 기회비용 평가 강화
비교 소비 이론 (Comparative Consumption Theory)	21. 얼마면 만족할까?	상대적 소비 심리 인식, 자산 관리의 내적 기준 설정
혁신경제학 (Innovation Economics)	22. 틀을 넘는 마음	새로운 투자 접근, 자산 다변화 전략
포트폴리오 이론 (Portfolio Theory)	24. 선택은 미래가 된다	자산 배분 전략, 포트폴리오 분산 투자
시장 균형 이론 (Market Equilibrium Theory)	16. 여행 후에 모임이 깨지는 이유 26. 지금, 충분한 삶 31. 균형을 잡는다는 것	시장 관점 투자 타이밍 조율 수요-공급 균형 인식 삶과 자산 관리 균형 유지
글로벌 경제학 (Global Economics)	32. 연결된 경제, 나의 위치	글로벌 투자 감각 확장, 해외 자산 분산 전략

경제 개념	적용된 글(번호+제목)	주요 재무 요소
생애 주기 이론 (Life Cycle Theory)	33. 미래의 내가 현재의 나에게	장기 노후 준비, 생애 주기별 재무 설계
불확실성 아래 경제 의사 결정 (Decision-Making Under Uncertainty)	35. 완벽하지 않은 것이 완벽하다	불완전 정보 속 투자 판단, 심리적 수용성 강화
행복경제학 (Happiness Economics)	36. 행복은 균형이다	경제적 목표와 삶의 만족 균형 설정

마음으로 완성하는 경제적 자유
일과 삶의 균형을 위한
경제적 선택과 실행에 대한 메시지

1판 1쇄 발행 2025년 9월 12일

저자 나을주

교정 주현강　**편집** 문서아　**마케팅·지원** 이창민

펴낸곳 (주)하움출판사　**펴낸이** 문현광

이메일 haum1000@naver.com　**홈페이지** haum.kr
블로그 blog.naver.com/haum1000　**인스타그램** @haum1007

ISBN 979-11-7374-180-7(03320)

좋은 책을 만들겠습니다.
하움출판사는 독자 여러분의 의견에 항상 귀 기울이고 있습니다.
파본은 구입처에서 교환해 드립니다.

이 책은 저작권법에 따라 보호받는 저작물이므로 무단전재와 무단복제를 금지하며,
이 책 내용의 전부 또는 일부를 이용하려면 반드시 저작권자의 서면동의를 받아야 합니다.